Erma Bombeck
Als meine Fehler laufen lernten

Erma Bombeck

Als meine Fehler laufen lernten

Aus dem Amerikanischen
von Isabella Nadolny

Mit Illustrationen
von Ingeborg Haun

Gustav Lübbe Verlag

Für Bill Bombeck, der schon
eine deutliche Vorstellung von den
handelnden Personen hatte,
längst ehe ich daran dachte, sie
in einem Buch zu verewigen.

1. Auflage Februar 1989
2. Auflage Juli 1989
3. Auflage November 1989

© by Erma Bombeck
Titel der Originalausgabe:
Family – The Ties that bind and gag!
Originalverlag: Mc Graw Hill Book Company
New York

© 1989 für die deutschsprachige Ausgabe:
Gustav Lübbe Verlag GmbH, Bergisch Gladbach
Aus dem Amerikanischen von Isabella Nadolny
Lektorat: Cornelia Lübbe-Roggen
Illustrationen und Schutzumschlag:
Ingeborg Haun, Ismaning
Satz: Fotosatz Froitzheim, Bonn
Druck und Einband: May & Co., Darmstadt

Alle Rechte, auch die der fotomechanischen
Wiedergabe, vorbehalten.
Printed in West Germany
ISBN 3-7857-0530-1

Inhalt

Die Familie: 1936   7
Die Familie: 1987   10
Hab Vertrauen zu mir,
ich bin doch deine Mutter   18
Du bist nicht krank,
du brauchst nur ein Abführmittel   26
Mom, für den sorgen wir schon...   31
Die Gebote eines Vaters   38
Eine Familie, die gemeinsam ißt,
bekommt Verdauungsstörungen   43
Wer kocht denn heute noch Hausmannskost?   52
Technologie auf dem Vormarsch   58
Haustier oder Ungeziefer   65
Das hättest du doch zu Hause erledigen können!   70
Die Iden des Mai   79
Du errätst nie, wer ich bin   88
In guten und in schlechten Zeiten –
aber nicht zum Mittagessen   93
Eines Kindes Badezimmer ist seine Burg   102
Aber Dad, es ist doch ein Oldtimer...   107
Mami! Papi! Ich bin wieder daheim!   116
Liebste Mom, liebster Dad!   121
Eine Familie, die miteinander spielt...
sollte das lieber lassen   129
Weihnachten wie Anno dazumal   137
Mach dir keine Sorgen, ich schaff es schon   147
Kreislauf der Habgier   155
Möchtest du noch einmal die gleichen Eltern?   158
Wozu hat man Freunde?   168
Es ist elf Uhr.
Wissen Sie, wo Ihre Eltern sind?   177
Du siehst wunderbar aus   179

Wem sein Heim seine Burg ist,
der soll sie auch sauberhalten 188
Deinen Job hätte ich gern... 194
Können wir mal darüber reden? 197
Führen wir manchmal sinnvolle Gespräche? 206
Wer du auch bist – gute Nacht! 211
Sag mir deinen Weihnachtswunsch! 212
Jetzt führen sie ihr eigenes Leben 229
Endlich allein 226
Der Traum 235

Die Familie: 1936

Das waren glückliche Jahre!
Ich hatte meine eigene Uhr, ein Dreirad und eine Haarschleife à la Shirley Temple, die fast meine ganze rechte Kopfhälfte bedeckte. Meine Mutter trug eine Schürze und Seidenstrümpfe und backte jeden Tag frisch. Sie sah aus wie Betty Crocker, ehe sie sich das Gesicht liften ließ, die Ohren durchbohrte und sich Zeug in die Haare schmierte, um sie fülliger zu machen.
Die Familie – wir alle vier – saßen im Sommer auf der Veranda und redeten über die quietschende Schaukel. Mein Vater ermahnte mich täglich, ich solle abends das Dreirad vom Gehsteig räumen, sonst würde noch jemand drüber fallen. Ich tat es nie. Meine Mutter machte tagtäglich das Wohnzimmer sauber. Wir saßen aber nie darin. Einmal knipste ich eine der Lampen an, da kokelte das zum Schutz drübergehängte Zellophan und ich bekam was auf die Finger.
Meine Mutter schnitt den Rasen und hängte jeden Tag die Leine voll Wäsche. Jeden Freitag spritzte sie die Mülltonnen mit dem Gartenschlauch aus. Im Frühling drehte sie wirklich durch – schleppte Matratzen in den Hof und montierte Stangen, um die Spitzenstores daran zu trocknen. Manchmal zog sie sich fein an, nahm Hut und Handschuhe und fuhr mit der Straßenbahn in die Stadt, ging von Geschäft zu Geschäft, bezahlte Rechnungen und 50-Cent-Raten für meine Uhr und das Dreirad.
Meine Schwester führte das große Wort und besuchte die Highschool. Sonst tat sie nichts. Ich dagegen war irrsinnig beschäftigt, ging zur Schule und bediente alle, rannte zehntausendmal pro Tag für Mutter zum Kaufmann, und wenn das Gefäß unter dem Kühlschrank sich mit Schmelzwasser füllte, dann gab es nur einen,

du weißt schon wer, der es leeren mußte, ohne einen einzigen Tropfen zu verschütten.

Eines Morgens stand mein Vater nicht auf, um zur Arbeit zu fahren. Er kam ins Krankenhaus und starb am Tage darauf. Noch nie hatte ich so viel an ihn gedacht. Er war einfach jemand gewesen, der wegfuhr und heimkam und sich zu freuen schien, wenn abends alle da waren. Er konnte das Glas mit den Mixed Pickles aufschrauben, wenn kein anderer es konnte. Er war der einzige im Hause, der sich nicht fürchtete, allein in den Keller zu gehen.

Er schnitt sich beim Rasieren, aber niemand machte Heile-Heile-Segen darüber oder regte sich auf. Es war ausgemachte Sache, daß er bei Regen den Wagen vorfuhr. Wenn jemand krank war, fuhr er mit dem Rezept zur Apotheke. Er fotografierte, war aber nie mit auf dem Bild.

Wenn ich mit meinen Puppen spielte, hatte die Mutterpuppe immer viel zu tun. Was ich mit der Vaterpuppe anfangen sollte, wußte ich nie so recht, daher ließ ich ihn immer nur sagen: »So, und jetzt muß ich zur Arbeit!« und warf ihn unters Bett.

Die Trauerfeier war bei uns im Wohnzimmer, es kamen viele Leute und brachten alles mögliche Gute zum Essen, auch Kuchen. Noch nie hatten wir soviel Besuch gehabt.

Ich ging in mein Zimmer und tastete unter dem Bett nach der Vaterpuppe. Als ich sie gefunden hatte, staubte ich sie ab und legte sie auf mein Bett.

Er hatte doch nie etwas getan. Ich hatte nicht gewußt, daß es so weh tun würde, wenn er verschwand.

Am Tag nach der Beerdigung kamen die Gläubiger und fuhren den Kühlschrank, den Wagen und die Möbel des Wohnzimmers ab, in dem nie jemand gesessen hatte.

Großmama kam und sagte, sie nähme uns alle zu sich nach Hause, damit wir wieder »eine Familie« wären. Die

Familie wurde dadurch größer und sehr viel merkwürdiger. Da waren Mutters Schwester und ihr Mann und ihre beiden Kinder, ein Bruder, der den ganzen Tag Poolbillard spielte, und dann noch eine Schwester, die Rollschuh fuhr und demnächst heiraten sollte. Außerdem gab es meinen Großvater, der nie eine Linkskurve nahm und den Wagen mit Speck polierte.
Großmama trug eine Schürze und machte tagtäglich im Wohnzimmer sauber, in dem nie jemand saß. Die Küche war der einzige Raum des Hauses, der Heizung hatte und auch das nur, wenn der Backofen brannte. Ich pflegte auf dem Stuhl zu stehen, um warm zu werden und blickte auf alle herab, die sich wegen Geld stritten.
Meine Mutter fand eine Stellung. Niemand in meiner ganzen Klasse hatte eine Mutter, die jeden Morgen zur Arbeit fuhr. Ich erzählte es keinem, nur meiner besten Freundin. Sie verzankte sich dann mit mir und verbreitete es in der ganzen Schule.
Im Jahre 1938 sagte meine Mutter: »Jetzt werden wir wieder eine Familie« (»wieder«, sagte sie!) und stellte uns einem Stiefvater vor. Ich war das einzige Mädchen in Nordamerika mit einem Stiefvater. Ich riskierte nicht, es jemand zu erzählen, nicht einmal meiner besten Freundin.
Mein Stiefvater und ich sprachen längere Zeit nicht miteinander. Ich glaube, er war ein Mensch, der nicht wußte, wie man Liebe zeigt. Ich erinnere mich, wie er mir beibrachte, ein zweirädriges Fahrrad zu fahren. Ich bat ihn, mich nicht loszulassen, aber er sagte, es würde Zeit. Ich stürzte und Mom kam gelaufen und wollte mich aufheben, aber er winkte ihr, zurückzubleiben. Ich war so wütend, daß ich es ihm zeigen wollte. Ich stieg sofort wieder auf und radelte allein weg. Er genierte sich nicht einmal. Er lächelte nur.
Wenn ich wieder ins College mußte, blieb er beim

Abschied nicht stehen, um sich noch ein bißchen zu unterhalten wie Mom, er wuchtete nur fünfzehn Gepäckstücke in den dritten Stock hinauf und schien irgendwie beklommen.

Wenn ich zu Hause anrief, tat er immer so, als wolle er mit mir reden, sagte aber nur: »Ich hol deine Mutter.« Mein Leben lang hackte er auf mir herum: ›Wo willst du denn hin? Wann kommst du heim? Hast du auch Benzin im Tank? Wer kommt denn sonst noch? Nein, du kannst nicht hingehen.‹

Es dauerte lange, ehe ich merkte, daß das Liebe war.

Meine egoistische Mutter machte Karriere an einem Fabrikfließband und stellte Gummidichtungen für die Autotüren bei General Motors her. Die Lebensaufgabe meines Stiefvaters bestand darin, mich zu zwingen, im Bad die Handtücher aufzuheben und das Licht auszuknipsen.

Ich konnte es kaum erwarten zu heiraten, von zu Hause wegzuziehen und meine eigene Familie zu haben: Mit einem Wohnzimmer, in dem nie jemand saß.

Die Familie: 1987

Freitag, 17 Uhr
Ganz ohne Grund benahm ich mich wie eine lampenfiebrige Gastgeberin: ordnete Falten in den Vorhängen, schob Stühle unter den Tisch und rutschte auf dem Hosenboden über den Couchtisch, um den Staub auf eine Stelle zu übertragen, auf die fast nie mehr jemand blickte.

In wenigen Minuten würde die Ruhe von drei erwachsenen Kindern unterbrochen werden, die übers Wochenende heimkamen: es sollte das traditionelle Familienfoto für die Weihnachtskarte aufgenommen werden.

»Sind sie schon da?« rief mein Mann und balancierte sein Stativ und seine Kamera.

Ich schüttelte den Kopf und ging rasch ins Wohnzimmer, wo ich das Licht anknipste. Es war so, wie ich es in Erinnerung hatte: die weißen Sofas einander gegenüber, der unbenutzte hochflorige Teppich, die prallen Kissen, deren Ecken zipfelten wie frische Meringen.

»Was riecht denn da so?« fragte mein Mann und zog beim Betreten des Zimmers die Schuhe aus.

»Das Zellophan auf den Lampenschirmen. Wo sie nur bleiben?«

»Sie«, das sind zwei Söhne und eine Tochter, empfangen in Leidenschaft, erwartet mit Sodbrennen und aufgezogen mit Liebe. Gene, Chromosome und der Nachname sind uns gemeinsam. Wir haben nie die gleichen Frühstücksflocken gegessen, die gleichen Fernsehsendungen gesehen, die gleichen Menschen gern gehabt oder die gleiche Sprache gesprochen. Warum sollten sie nicht zu spät kommen – in dreißig Jahren hatten wir nie die gleiche innere Uhr.

War bei mir alles auf Waschen, Bügeln, Einkaufen, Kochen und Dauertrab eingestellt, waren sie auf Dauerschlaf programmiert und danach weg. Stand bei mir der Schlaf der Erschöpfung auf dem Programm, dann bei ihnen Drehwurm-in-der-Wiege, Disco-Musik und Moto-Cross-Rennen im eigenen Garten.

Selbst als sie größer wurden: ging ich ins Bett, gingen sie aus. Stand ich zum Frühstück auf, kamen sie eben heim.

»Wie hast du überhaupt fertiggekriegt, daß sie herkommen? Du weißt doch, wie sehr sie das Fotografiertwerden hassen.«

»Ich hab ihnen gesagt, wir wollten unser Testament verlesen.« Mich wunderte nur, warum wir uns die ganze Mühe überhaupt machten.

Das vorjährige Weihnachtsfoto zeigte eines unserer Kin-

der auf dem Sofa mit Schlips und Sportjackett, aber ohne Schuhe. Unsere Tochter blickte genau in die Kamera, aber mit geschlossenen Augen, und der andere Sohn hing mir über die Schulter und hatte eine Temperatur von mindestens 39,2. Der Hund leckte sich an einer unappetitlichen Stelle, und wir alle – mit Ausnahme des Hundes und unserer Tochter – richteten unsere Blicke auf ein Knie meines Mannes, das mit aufs Bild geraten war.
Es war kein Bild, wie man es an einem hohen kirchlichen Feiertag gern anschaut.
Warum nur waren wir nicht wie unsere ehemaligen Nachbarn, die Nelsons? Jedes Jahr bekamen wir eine Weihnachtskarte von ihnen, darauf war die ganze Familie vor dem Kamin versammelt, in Skipullovern und mit Jacketkronen-Lächeln.
»Hast du mit unserem Sohn in Los Angeles gesprochen?«
»Ich habe ihm was aufs Band gesprochen«, sagte ich.
Um genau zu sein, hatte ich seit über drei Jahren nicht mehr mit meinem Sohn persönlich gesprochen. Ich hatte auf seinen Anrufbeantworter gesprochen und er auf meinen Anrufbeantworter, und manchmal unterhielten sich auch unsere Anrufbeantworter miteinander. Ich würde es nicht jedem anvertrauen, aber sein Anrufbeantworter und ich haben eine weit innigere Beziehung zueinander als wir. Sein Automat hat so gute Manieren. Wenn ich anrufe, sagt er leise: »Tach. Ich bin gerade nicht da, aber wenn Sie Ihren Namen und Ihre Telefonnummer hinterlassen, rufe ich Sie an, sobald ich kann. Beim Piepston haben Sie noch zehn Sekunden. Einen schönen guten Tag noch.« Mein Sohn würde das nie sagen.
Der Automat war so nett, daß ich es nicht übers Herz brachte, zu sagen was ich hatte sagen wollen: »Du Miststück, ich liege schon dauernd angstvoll auf den Knien, und du findest nicht einmal die fünf Minuten Zeit, um deine Mutter anzurufen.« Ich sagte daher schließlich nur:

»Ich weiß, mein Lieber, du hast viel zu tun. Ich wollte bloß mal kontrollieren, ob du noch lebst. Ich hatte heute fast keine Schmerzen. Dir auch einen schönen guten Tag.«

Es würde nett sein, die Familie mal wieder versammelt zu sehen, zusammenzusitzen und alte Erinnerungen aufzufrischen, Wissenswertes über ihr Leben in Erfahrung zu bringen, vor Augen zu haben, was wir ihnen als Vermächtnis hinterließen ... gewissermaßen das Denkmal unserer eigenen Unsterblichkeit.

Meine Träumereien wurden vom Geräusch zuknallender Autotüren unterbrochen. Unser älterer Sohn stieß die Tür auf. »Jemand zu Hause?« (Ich konnte es nicht ausstehen, wenn er mir genau in die Augen sah und diese Frage stellte.) Er trug ein zerknautschtes Jackett mit bis zum Ellbogen hinaufgeschobenen Ärmeln, ein Hawaii-Hemd und Ballonhosen, die weiße Knöchel und nackte Füße freiließen.

Sein Vater wandte sich an mich und sagte: »Um Himmelswillen, Erma, hast du denn deinem Sohn nicht gesagt, daß wir ein Familienporträt für die Weihnachtskarte machen wollen?«

»Aber dazu bin ich doch gekommen«, sagte er.

»Und warum hast du dich dann nicht rasiert?«

»Hab ich ja, erst vor paar Stunden.«

»Hast du auch eine Klinge eingelegt?«

»Aber ja, es sind frische Stoppeln. Ich will aussehen wie aus ›Miami Vice‹. Sag bloß nicht, daß du die nicht schon früher bemerkt hast.«

»Klar habe ich sie schon früher bemerkt, bei Erntearbeitern und Reisenden, deren Gepäck drei Wochen lang verlorenging.«

»Dad, so was ist sexy. Es gibt einem den gewissen ›Ebenaus-dem-Schlafsack‹-Look. Das wirst du doch noch wissen. Hallo, Mom. Ich fahr rüber zum Strand und leg mich

noch ein bißchen in die Sonne. Kannst du derweil mein Haustier übernehmen?«
»Ich brauche keinen weiteren Hund. Ist er stubenrein?«
»Mom, ich würde dir doch nichts dalassen, was nicht stubenrein ist. Er ist schon da, samt Futter und allem. Überhaupt kein Streß, Liebes.«
»Du weißt doch, was unsere Nachbarn von bellenden Hunden halten.«
»Ich versprech dir, dieses Tier wird nicht bellen. Ich tu es in den Wirtschaftsraum. Sein Futter steht neben dem Toaster.«
In diesem Augenblick stieß sein Bruder die Haustür auf.
»Na, hoffentlich bist du nun zufrieden«, verkündete er matt. »Ich bin erkältet.«
Meine Augen trübten sich und ich nahm ihn in den Arm. »Es ist wundervoll, daß du da bist. Wie lange kannst du bleiben?«
»Das kommt drauf an, wie lange es dauert, so viel Wäsche zu waschen«, sagte er und schob mir seinen Koffer hin. »Alles, was ich besitze, ist schmutzig.«
Dann begrüßten wir unsere Tochter.
Sie erwiderte unsere Begrüßung mit: »Mein Getriebe klingt irgendwie komisch.«
Und dann kam der große Augenblick. Mein Mann fing an, ihre Gestalten über das Sofa zu drapieren, und blickte dann in den Sucher.
»Na, wie sieht es aus?« fragte ich.
»Wie eine Gruppe illegaler Einwanderer vor dem Verhör. Wieso bist du im Tennisdreß?« fragte er unsere Tochter.
»Weil ich Tennis spiele«, sagte sie trocken. »Ich wußte ja nicht, daß Abendkleidung verlangt wird.«
»Es wird eine Weihnachtskarte, Himmel noch mal. Geh und zieh dir was Passendes an. Los, Jungens, haltet euch gerade!«

»Tu ich ja«, sagte unser Sohn. »Ich hab bloß keine Schuhe an.«
»Dann stell dich hinter deine Mutter. Nein, das geht auch nicht. Der Atompilz auf deinem T-Shirt quillt genau aus dem Kopf deiner Mutter. Mein Gott, was soll überhaupt dieses Anti-Atomkraft-Ding?«
»Es war das einzige T-Shirt, das noch sauber war.«
»Geh und hol dir eins von meinen Hemden. Wo ist wieder deine Schwester hin?«
»Sie wäscht sich die Haare.«
»Dauert das lange?«
»Du, der da hat Schweißfüße.«
»Wo ist der Hund? Wir können kein Bild ohne Harry drauf brauchen.«
»Drängel doch nicht andauernd!«
»Widerling!«

Die Familie. Wir waren ein Häufchen komischer Käuze, die durchs Leben stolperten, Krankheiten und Zahnpasten teilten, dem anderen den Nachtisch neideten, Shampoo versteckten, Geld borgten, sich gegenseitig aus unseren Zimmern aussperrten, einander Schmerzen zufügten und sie im gleichen Moment durch ein Küßchen stillten, lachend, sich rechtfertigend und bemüht, den gemeinsamen Nenner zu finden, der uns verband.
Als ich so dasaß, dachte ich darüber nach, wie doch die Jahre zu Zerreißproben für die Familien geworden waren, von denen man meinte, sie würden sie nie bestehen.
Alles haben sie ausgehalten, Kombinationen von Stief-, Pflege-, Ersatz- und Einzelerziehern, eingefrorene Embryonen, Samenbanken, alles. Sie haben sich erweitert, geteilt, verteilt und zu Kommunen zusammengeschlossen. Die Technologie hat sie angefressen, die sexuelle Revolution ihnen zugesetzt, der Rollentausch sie ver-

wirrt. Und doch gibt es noch immer Familien – im Mittelpunkt des allgemeinen Interesses.

Die Meinen fanden sich nach und nach wieder zusammen, mit nassen Haaren, in geborgtem Hemd und in nicht passenden Schuhen. Als ich mich gerade bemühte, dem Augenblick eine gewisse Würde zu verleihen, fragte meine Tochter: »Mom, wieso hast du eine Schlange im Wirtschaftsraum?«
Die Kamera klickte. Das traditionelle Weihnachtsporträt der Familie war für ein weiteres Jahr im Kasten. Der eine Sohn saß im gleichen Sportjackett wie voriges Jahr da, und mit den gleichen nackten Füßen. Der andere verzog gerade das Gesicht, weil er mir aus dem Mundwinkel zuraunte, er müsse jetzt gleich brechen, das Flugzeug habe Verspätung gehabt und er heute noch nichts im Magen.
Der Hund leckte sich an der gleichen unpassenden Stelle wie voriges Jahr. Die Augen unserer Tochter suchten die verwischte Gestalt ihres Vaters, der versuchte, sich noch schnell dazuzustellen, ehe der Auslöser klickte. Meine Lippen formten gerade ein Wort, das mit Sch... beginnt, und dabei wollte ich nur »schrecklich« sagen, aber auf dem Foto kann man das nicht unterscheiden.
Gleich nach der Aufnahme fing das Gedrängel an und endete erst, als eines der Kinder am Boden lag. Dafür fühlte sich ein anderes verpflichtet, mir mitzuteilen, sein Bruder sei bestimmt über die Sauce gekommen, der täte immer Käse an alles, das röche man. Uralte Echos erklangen erneut, etwa »Du, das sag ich Mom aber...« Und die Geschichten wurden wieder wach und flossen erneut. Geschichten von damals, als sie den Babysitter aussperrten in den Schnee. Und von damals, als das Aquarium im Schlafzimmer Feuer fing. Und von der Schüleraufführung, bei der einer von ihnen hilflos steckengeblieben war

und davon, daß derjenige, der zum Geschirrspülen dran war, auf die Teller spuckte.
Alle waren sie aus ihren höchstpersönlichen Leben zurückgekehrt, aber in dem Augenblick, in dem wir wieder zusammen waren, öffneten sich die Schleusen der Vergangenheit und wir glitten in die bequemen Rollen als Familienmitglieder.
Eine nach der anderen erstanden die Geschichten der schönen Zeit wieder, die uns gemeinsam war. Wir müssen glatt fünf oder sogar zehn Minuten zusammengesessen haben.

Hab Vertrauen zu mir, ich bin doch deine Mutter

Freitag, 18 Uhr 30
Mutter kam aus der Garage rückwärts in die Küche und jonglierte mit ihrer Handtasche, einer Einkaufstasche und einer großen Hutschachtel.
»Hier riecht es aber gut«, sagte sie und stieß mit dem Fuß die Tür hinter sich zu.
»Zwiebel im Müllzerkleinerer«, sagte ich. »Du hättest keinen Nachtisch mitzubringen brauchen.«
»Weiß ich. Leg das auf einen Teller, dann kann ich die Schachtel wieder mitnehmen, danke.«
Sie hob den Deckel. »Na, riecht das nicht köstlich?«
»Riecht nach Fruitcake. Ich hasse Fruitcake.«
»Ich begreife dich nicht«, sagte sie. »Dein Großvater war ganz wild auf Fruitcake.«
»Was hat das mit mir zu tun?«
»Er hat dich so lieb gehabt. Du warst sein Liebling. Allein die kandierte Ananas hat 6 Dollar gekostet.«
»Ich hasse Ananas, Mutter.«
»Das Rezept stammt von deiner Tante Elly. Die mochtest du doch immer so gern.«

Die Unterhaltung war idiotisch, und ihr Verlauf lag fest. Warum gab ich nicht einfach zu, daß Menschen, die gern Fruitcake essen, »anders« sind. Ich wäre nicht überrascht, wenn Fruitcake-Anhänger die nächste größere Religionsgemeinschaft des zwanzigsten Jahrhunderts gründen würden.
Ich habe noch nie im Leben einen Fruitcakebackenden kennengelernt, der mich nicht zum Glauben aller Fruitcake-Fans hätte bekehren wollen. Ich konnte in Mutters Küche stehen und ohne eine Spur von Humor verkünden: »Ich mag keinen Fruitcake. Ich habe Fruitcake nie gemocht. Ich habe über 10 000 verschiedene Arten durchprobiert und es ist mein Wunschtraum, nie wieder eine probieren zu müssen.« Nur um zu erleben, wie Mutter eine Scheibe vor mich hinstellte und sagte: »Versuch mal den, der ist ganz anders.«
Fruitcake ist nie »anders«. Er ist sich mehr oder weniger immer gleich, birgt unweigerlich ein Sortiment unverträglicher kandierter Früchte im Inneren und zeichnet sich dadurch aus, das er gewichtiger ist, als der Herd, in dem er gebacken wurde. Außerdem widerspricht er allen Regeln kulinarischer Kriterien. Nie heißt es: »Dieser Fruitcake ist so leicht, daß man ihn beim Essen gar nicht wahrnimmt.«
Weil nämlich Fruitcake gar nicht schwer genug sein kann. Und noch etwas, was ich an Fruitcake-Fans hasse, wenn man ihren Kuchen ablehnt, lächeln sie. Leute, die so etwas tun, mag ich nicht. Es ist unnatürlich. Es wäre mir angenehmer, wenn sie rundheraus sagten: »Na, denn nicht, liebe Tante. Es hat mich 45 Dollar gekostet, ihn herzustellen und könnte ich, wie ich wollte, ich würde ihn dir, du undankbares Geschöpf, auf den Fuß fallen lassen.«
Vor einem solchen Menschen empfände man Respekt. Doch nein, Fruitcake-Fans stellen sich neben einen,

sehen zu, wie man sich das Probierstück in die Hand spuckt und sagen: »Aber saftig ist es, was?«
»Du bist eigensinnig«, sagte Mutter und verlagerte den Beton-Kuchen auf eine Platte. »Meinem Schwiegersohn wird er schon schmecken.«
Das war übrigens eine der größten Überraschungen meines Ehelebens gewesen. Der Mann, der bei der Hochzeit noch »nicht gut genug für mich« gewesen war, hatte sich inzwischen zu etwas gewandelt, was »doppelt soviel wert« war wie ich. Das hätte ich mir nie träumen lassen, daß sie einmal gegen mich Partei ergreifen würde. Schließlich sollten Mütter doch treu zu ihren Kindern halten, im Recht oder im Unrecht.
Es war anders gelaufen. Mein Mann brachte ihr bei irgendeiner Gelegenheit einen Blumenstrauß und sie sagte: »Erma hat mir nie Blumen mitgebracht, die man nicht abzustauben braucht.«
Und wenn wir gemeinsam ins Auto stiegen, sagte sie: »Ich bin noch nie auf dem Beifahrersitz gesessen. Erma hat immer gesagt, wenn ich das Fenster runterkurbele, wird mir hinten auch nicht schlecht.«
Als dann die Kinder kamen, stellte sie ihr Verbleiben im Familienverbund auf eine Zerreißprobe. Ich kratzte eines Abends eben Essensreste von den Kindertellern in den Mülleimer, da fragte mein Mann: »Willst du denn nichts davon aufheben?«
Ich erwartete Hilfestellung von Mutter. Sie aber sah mich an, als sei ich etwas, was leider nicht in die Falle unterm Spültisch gegangen war, und sagte: »Spare in der Zeit, so hast du in der Not. Ich habe sie weiß Gott dazu erzogen. Aber wir konnten ihr ja nie beibringen, den Pfennig zu ehren. Wenn sie hinausmüßte und Geld verdienen, so wie du, wäre sie vielleicht sparsamer.«
Seit Jahren hat sich mein Mann immer wieder anhören müssen, wie eigensinnig ich bin, wie ich dazu neige, mehr

Geld auszugeben als ich habe, wie launisch ich bin, wie wenig geduldig, wie unfähig, etwas fertig zu machen, wie rasch mein Interesse verfliegt und wie wenig Ziele ich im Leben habe. Ich habe oft daran gedacht, »heim zu Muttern« zu ziehen, aber wozu? Mein Mann wäre ja schon dort gewesen – beim Fruitcake-Essen.
»Du bist also fest entschlossen, daß Thanksgiving[*] bei dir gefeiert wird?« fragte ich. »Wir haben es den Kindern schon gesagt, sie freuen sich darauf.«
»Aber ja, es sei denn, ihr wolltet es gern bei euch machen?«
»Mutter«, sagte ich, »ich weiß doch, daß du es herrlich findest, dich inmitten deiner Familie abzustrapazieren ... mit deinem besten Geschirr und all den Aufregungen im letzten Moment. Außerdem kann kein Mensch außer dir einen Puter so braten, daß er aussieht wie aus dem Bilderbuch. Ich weiß nicht, wie du das Jahr für Jahr fertigbringst.«
Mutter lächelte, in eigene Gedanken versunken.

Erma zieht mal wieder die Nummer »Oma genießt das« ab, wie jedes Jahr! Was ist da schon zu genießen? Warum glauben die eigentlich, eine fünfundsechzigjährige Frau stünde gern um 4 Uhr auf, ränge mit einem nackten Puter, stünde gern über einem Toaster und versuchte, altbackenes Brot in frische Fülle zu verwandeln, und verbrächte zehn Stunden damit, eine Mahlzeit zu kochen, die in zwölf Minuten verschlungen ist. Sie hat es leicht, sie braucht nur eine Tüte Paprika-Chips und vier Klappstühle mitzubringen.
Und was den Puter »wie aus dem Bilderbuch« betrifft: Alle glauben, ein Puter sei ein kollernder Spaßvogel. Wenn sie einen brieten, würden sie ihn als das erkennen,

---

[*] Erntedank

was er ist, ein boshafter, leicht beleidigter, rachsüchtiger alter Kerl, der es »einem schon noch heimzahlen wird«. Kein Mensch begreift, daß ein Puter erst dann gar ist, wenn es ihm paßt. Ich habe schon Fünfundzwanzigpfünder gehabt, die in zwei Stunden durch waren, noch ehe die Pasteten ausgekühlt, die Kartoffeln und Gemüse gar, die Preisselbeeren kaltgestellt, ja noch ehe die Gäste von daheim losgefahren waren.
Und ich habe Zehnpfünder gehabt, die acht Stunden im Rohr waren und immer noch aussahen, als tranchiere man rohen Schinken. Manchmal fragt man sich, ob sich das erste Thanksgiving in Massachusetts wirklich als so religiöses Fest abgespielt hat, wie die Kinderbücher es schildern. Die Abbildungen sehen immer so idyllisch aus: Indianer umarmen die Weißen, alles ist Frieden und Harmonie. Ich kann nicht glauben, daß nicht irgendwo eine Hausfrau verärgert geäußert hat: »Wenn der Fliehende Hirsch seine stinkende Pfeife rauchen will, soll er dazu gefälligst hinausgehen.«
So machte Erma es ja auch immer an Weihnachten mit den Spielsachen, bis ich sie durchschaute. »Warum läßt du die Bongo-Trommeln nicht bei Großmama«, pflegte sie zu sagen, »dann hast du was zum Spielen, wenn du zu Besuch kommst.«
Diese Trommeln klangen nämlich wie tausend Kamele, die einem über die Augenlider trampeln.

»Ich habe deine Cousine Marie und ihren Mann zu Thanksgiving eingeladen«, sagte Mutter. »Deine Geschirrtücher könnten übrigens einen Schuß Chlorbleiche vertragen.«
»Ich dachte, mit der sprichst du nicht mehr, weil ihre Tochter dir nie für das Etui mit Füller und Bleistift gedankt hat, das du ihr zum Abitur geschickt hast.«
»Sie hat dann schließlich doch eine Briefkarte geschrie-

ben«, sagte sie. »Außerdem kann ich niemand lange böse sein.«

Richtig. Und wenn man daran glaubt, dann glaubt man auch, daß Nancy Reagan jeden Freitagabend »Falcon Crest« sieht. Meine Mutter hat die Rache zu einer Kunstform erhoben. Jedes Jahr beim Familientreffen erfragen wir bei ihr, wer gerade in Ungnade gefallen ist und mit wem wir sprechen dürfen.
Die Länge ihrer Verurteilung hängt von der Schwere des Vergehens ab.
»Du bist nicht ans Telefon gegangen, als ich anrief, weil du genau wußtest, daß ich es bin.« (Vier Jahre!)
»Du hast mir nie die drei Dollar wiedergegeben, die ich dir bei Margarets Beerdigung für Blumen vorgestreckt habe.« (Achtzehn Jahre!)
»Ich war die letzte, die erfuhr, daß du in der Hoffnung bist.« (Zwei Jahre!)
»Als du dir meine Fotoalben anschautest, war das Bild von Vater noch drin. Als du weggingst, war es verschwunden!« (Fünfundzwanzig Jahre!)
»Du weißt ja, was ich meine!« (Der gefürchtete Groll auf Lebenszeit!)
Ich weiß noch, daß ich zu einem Familientag kam, zu dem man ein Programm gebraucht hätte, um zu wissen, auf welcher Seite des Picknicktisches man sitzen sollte. Ich trat zu meiner Cousine Doris und fragte: »Sprechen wir dieses Jahr miteinander?«
»Ich glaube nicht«, sagte sie.
»Und warum nicht?«
»Ich habe deiner Mutter seinerzeit keine Einladung zu Robbies Taufe geschickt.«
»Und wie alt ist Robbie jetzt?«
»Sechsunddreißig.«
Ich nahm meinen Teller und wollte weiterrücken.

»Und was ist mit Estelle? Spreche ich mit der?«
»Nicht, solange sie die Backform nicht wiederbringt, die deine Mutter ihr vor zwanzig Jahren mitgegeben hat.«

»Ich freue mich auf Marie«, sagte ich zu Mutter. »Ich habe sie nicht mehr gesehen seit dem Familientag, an dem sie sich den letzten Picknicktisch im Schatten aneignete.«
Mutter hob ruckartig den Kopf. »Ach, das war Marie?«
»Vergiß es. Wahrscheinlich hab ich es verwechselt«, sagte ich hastig. »Na, und wie genießt ihr beiden Liebesleute Papas Pensionierung?«
»Ach, es ist wundervoll«, sagte sie. »Gestern hat dein Vater den Dunstabzug in der Küche saubergemacht und morgen entkalkt er mir den Teekessel.«
»Und was hat er heute getan?«
»Er hat mir beigebracht, mit gespreizten Beinen zu gehen, damit auf dem Dielenläufer nicht immer nur die Mitte abgetreten wird.«
»Und wir glaubten uns schon Sorgen machen zu müssen, ihr beide könntet euch auf die Nerven gehen!«

Wenn meine Tochter einen Funken Vernunft hätte, würde sie sich Sorgen machen. Ich könnte Bücher schreiben über Nerven. Möglicherweise eine Art Fibel zum Ausmalen, für die Frauen aller in Pension gegangenen Ehemänner der Welt.
Siehe Jim.
Jim ist früher herumgelaufen und gesprungen und hinter Kunden hergejagt. Jetzt bleibt Jim zu Hause. Er hat eine neue Uhr und sagt einem die Zeit, auch wenn man sie gar nicht wissen will. Es ist Zeit aufzustehen.
Es ist Zeit, den Ölfleck von der Einfahrt wegzuputzen, ehe man ihn im ganzen Haus herumtritt.
Es ist Zeit, die Gewürze alphabetisch zu ordnen.

Es ist Zeit zum Essen (Lunch, Dinner, Frühstück, Brotzeit, Imbiß, Party).

Manchmal benimmt sich Jim wie ein Logierbesuch.
»Wo hast du die Gläser für Eistee?«
»In der Toilette in der Diele ist kein Papier mehr.«
»An der Tür ist jemand, der etwas verkaufen will.«
»Ich würde das Geschirr ja wegräumen, aber ich weiß nicht, wo alles hingehört.«
Manchmal benimmt Jim sich, als habe er einen für einen Sommerjob engagiert.
»Wer war denn am Telefon und was wollte er?«
»Wo gehst du hin und wann kommst du wieder?«
»Ich glaube, der Rasen kann keinen Tag länger warten.«
Männer, die in Pension sind, wie Jim, rationalisieren den Haushalt, nach dem Motto: es ist billiger, sich die Teebeutel selber zu machen als sie fertig zu kaufen.
Heiz doch nicht das Rohr für eine einzige gebackene Kartoffel. Mach ein ganzes Dutzend und frier sie ein.
Siehe da! Jim schlägt neben der Haustür einen Nagel ein, damit man die Wagenschlüssel hinhängen kann.
Siehe da! Jim schlägt einen Nagel neben dem Telefon ein, damit man den Bleistift anhängen kann.
Siehe da! Jim schlägt einen Nagel in die Schreibtischplatte, um die unbezahlten Rechnungen draufzuspießen.
Siehe da: Jim macht einen wahnsinnig.
Alles kam ganz überraschend. Ich wußte fünfundvierzig Jahre lang nicht, daß ich einen Mann geheiratet habe, der so viel von allem versteht: von Spülmaschinen, Bohnerwachs, Feinwäsche und ihrer Behandlung, Fleckenentfernen, Kindern und wie man verhindert, daß Bananen braun werden.
Auch Jim ist überrascht. Er wußte gar nicht, wie ich in meiner Ungeschicklichkeit fünfundvierzig Jahre lang ohne ihn den Haushalt habe führen können.

Alle wundern sich, daß er mehr zu tun hat denn je.
Ich nicht.

Du bist nicht krank, du brauchst nur ein Abführmittel

Als ich am Spülbecken ein Glas Wasser füllte und mir ein Aspirin in den Mund warf, sagte Mutter: »Ist dir nicht gut?«
»Nur ein bißchen Kopfweh«, sagte ich.
»Unsinn«, sagte sie. »Du brauchst vermutlich nur ein Abführmittel.«
Bahnbrechende medizinische Erkenntnisse sind in unserem Lande aufgekommen und wieder verschwunden, und meine Mutter hat sie alle vollkommen ignoriert. Keiner wird sie je überzeugen, daß die stabile Gesundheit nicht von der inneren Einstellung jedes Einzelnen abhängt.
Seit meiner Geburt ist Mutters Allheilmittel für jedwede Krankheit, die mich befällt, »nimm ein Abführmittel«. In den unteren Volksschulklassen fragte ich mich manchmal erstaunt, wieso eigentlich Kinder mit Beinen oder Armen in Gips herumgingen, wo sie doch, um gesund zu werden, nur vor dem Schlafengehen ein wohlschmeckendes Darmpflegemittel einzunehmen brauchten.
Es war unheimlich, wie Mutter einen nur ansah und entschied, man brauche einen inneren Durchputz. Ein Laxativ kurierte bei ihr: verdorbenen Magen, Kopfschmerzen, Fieber, Hautausschlag, Schwindel und allgemeine Zerschlagenheit.
Hatte sie einen verarztet, kam einem nichts mehr wichtig genug vor, um den Mund aufzutun und sich zu beklagen.
Als ich etwa zwölf war, erweiterte sie ihre Diagnose noch um »du langweilst dich bloß«.
Meine sämtlichen Freundinnen hatten zu eng stehende

Zähne, ein schlechtes Blutbild, Virusbefall, Blinddarmentzündung, Hundebiß und Lungenentzündung. Das hatte ich auch alles, aber ich »langweilte mich bloß« und ihre Therapie lautete: »Such dir was zu tun, sonst finde ich dir was!« Als ich verheiratet war, variierte sie ihr Gutachten etwas. »Das sind nur die Nerven.«
»Mutter, ich bin heute zweimal ohnmächtig geworden.« (Das sind nur die Nerven.)
»Ich glaube, ich bin schwanger.« (Unsinn, das sind nur die Nerven.)
Sie blieb eisern bei ihrer Meinung, sogar noch als ich schon ein fast achtpfündiges Nervenbündel zur Welt gebracht hatte. In meiner Familie hat nie jemand meine Leiden ernstgenommen. Ein einziges Mal nur möchte ich einen Virus erwischen, den *nicht* schon jeder in der ganzen Stadt hat. Ich scheine immer die letzte weibliche Erwachsene Nordamerikas zu sein, die ihn bekommt. Ich verlange ja nicht gleich das Erbarmen einer Mutter Theresa, aber ein bißchen Mitgefühl, insbesondere bei meinem Mann hätte ich schon verdient.
»Ich fühle mich nicht gut«, sagte ich eines Morgens zu ihm. »Um meine Brust liegt es wie ein zu enger Reifen und in meinen Augen klopft es, als tanze jemand Steptanz auf meinen Lidern. Und ich unterdrücke den Hustenreiz, bis ich mich dem Husten besser gewachsen fühle.«
»Unsinn«, sagte mein Mann, »du langweilst dich nur. Was du hast, hat das ganze Büro. Das geht jetzt um. Die Diagnose lautet: Du solltest vermutlich einen anderen Beruf ergreifen.«
»Da magst du recht haben«, sagte ich. »Ich möchte nicht länger Ehefrau sein.«
»Manchmal«, fuhr er fort, »redet man sich auch nur ein, man sei krank, während man in Wirklichkeit ganz allgemein unzufrieden mit sich ist. Dieses Verhalten habe ich millionenfach an meinem Arbeitsplatz gesehen.«

»Gesagt hast du das aber nicht, als du dich damals nach dem Zahnsteinentfernen drei Tage ins Bett gelegt hast.«
»Das war etwas anderes«, sagte er. »Dabei kam es zu Komplikationen.«
»Eine im Backenzahn festgebissene Popcornhülse, was?«
Mein Problem ist wahrscheinlich, daß ich meinem Arzt meine Gefühle nicht so richtig verdeutlichen kann. Und von dem, was er sagt, versteh ich kein einziges Wort. Er spricht Latein, ich spreche fließend.
So geht es den meisten. Seit ich damals den im Wartezimmer eines Arztes Versammelten vortrug, ich hätte eine Bavarianische Zyste, hatten zwei andere das gleiche. Ich glaube, wir sprechen gar nicht mehr die gleiche Sprache, mein Arzt und ich. Und natürlich bin ich bange vor einem Menschen, der den ganzen Winter Weiß trägt und sich 137mal pro Tag die Hände wäscht.
»Sie sagen, ich litte an einem verkrümmten Homerus?«
»Nein, das ist ein klassischer Dichter. Was ich meinte, ist die semipermeable Membrane.«
»Wären Sie vielleicht so freundlich, mir das für meinen Mann aufzuschreiben.«
»Natürlich«, sagte er. »Haben Sie einen Zettel da, ich mache Ihnen ein Diagramm.«
»Reißen Sie einfach ein Stück von dem Untersuchungskittel ab, den Sie mir gegeben haben.«
Es gibt nichts Demütigenderes, als seinem Ehemann zu erklären, was ein Arzt gesagt hat. »An meiner Nase ist etwas verkehrt«, sagte ich.
»An welchem Teil der Nase?«
»Du weißt schon, an der Schei...dung.«
»Du meinst die Scheidewand«, sagte er. »Was ist damit?«
»Sie ist pervertiert.«
»Du meinst anomal?«
»Na, ist doch dasselbe.«
Ich habe schon mit Leuten gesprochen, die mir erzählten,

sie hätten eine amniotische Dyspepsie, es könne aber auch eine dyspeptische Amniotie sein.

Ein Bekannter konnte sich nie die Zahlen seines Blutdrucks merken und sagte, wenn sie unter seinen erzielten Punktzahlen beim Golf lägen, wäre er ganz zufrieden.

Meine Großmutter verkündete mir einmal, sie habe eine Prostata-Unterfunktion, und als ich ihr sagte, das sei nun wirklich nicht möglich, meinte sie patzig: »Alles ist möglich, wenn man ißt wie ich.«

Als eines der Kinder sich zu Mutter und mir an den Tisch setzte, nieste ich und putzte mir die Nase. »Du hast dir doch nicht was geholt?« fragte der Junge.

»Sie langweilt sich nur«, sagte meine Mutter. »Hier, nimm mal einen Schluck Hustensirup.«

»Um den zu nehmen bin ich nicht gesund genug«, sagte ich.

»Wie meinst du das, du bist nicht gesund genug?« fragte sie.

»Ja, lies mal.«

In übergroßen Buchstaben warnte der Beipackzettel, die vorgeschriebene Dosis nicht zu überschreiten, da sonst Unruhe, Schwindel und Schlaflosigkeit eintraten. Man durfte das Präparat überhaupt nicht nehmen, wenn man an erhöhtem Blutdruck litt, an Herzinsuffizienz, Diabetes, Schilddrüsenstörungen oder gleichzeitig ein antihypertensives oder antidepressives Mittel verschrieben bekommen hatte, das einen Mono-amin-oxidase-Hemmer enthielt. Auf keinen Fall durfte man es nehmen im Fall von Glaukom, Asthma oder Schwierigkeiten beim Wasserlassen, die auf eine Vergrößerung der Prostata zurückzuführen waren.

»Du könntest es ja riskieren«, sagte mein Sohn, »und im Falle einer Reaktion so bald wie möglich den Vergiftungsnotruf anrufen.«

»Hier habe ich eine, die du möglicherweise nehmen

kannst«, sagte Mutter und griff nach einer weiteren Medizinflasche. »Laß mal sehen. Bist du werdende oder stillende Mutter?« (Ich stöhnte.) »Ich frag ja bloß. Hast du ein Magengeschwür? Bist du allergisch gegen Aspirin oder hast du irgendwelche Blutungen?«
»Was für Blutungen?«
»Na, ich will nicht schuld sein«, sagte sie und stieß die Flasche wieder auf ihren Platz zurück.
»Und was ist mit diesem Zeug?« fragte mein Sohn. »Die Nebenwirkungen sind: Mundtrockenheit, Schläfrigkeit, vorübergehende Sehbehinderung, vergrößerte Pupillen, Verwirrtheit, Gedächtnisverlust, Benommenheit, Halluzinationen, Desorientiertheit, Hautrötungen, trockene, juckende rote Augen – und du darfst keine gefährlichen Maschinen bedienen.«
»Sofern der Backofen nicht dazugehört«, sagte ich, »kann es mir Wurscht sein. So, und jetzt stell die Flasche ins oberste Fach.«
»Warum?« fragte mein Sohn. »Hier sind doch keine kleinen Kinder?«
»So was gehört nicht in die Reichweite von Kranken.«
»Na, hoffentlich verdirbst du jetzt nicht allen den Urlaub«, sagte meine Mutter.
»Oma, du klingst genau wie Mom, als wir noch klein waren. Immer wenn jemand fragte, was wir zu Weihnachten kriegen, hat sie gesagt: Ich weiß es ehrlich nicht. Entweder Bronchitis oder Masern. Irgendwas fällt ihnen immer ein ... und wenn es in allerletzter Minute wäre.«
Das stimmte. Ich weiß nicht, war es die Vorfreude oder die mit dem Fest einhergehende Aufregung oder normaler Verschleiß am Ende des Jahres, die Kinder brachen jedenfalls an Feiertagen wie nach Fahrplan zusammen.
Immer hörten wir Geschichten von Weihnachten ... wie Leute zu netten Parties gingen oder zusahen, wie der große Christbaum vor dem Rathaus angezündet wurde.

Einmal, als ich gerade mit einem Rezept in der Apotheke war, sah ich sogar eine Menschengruppe, die sang. Da ich nicht wußte, worum es ging, fragte ich den Apotheker. Der sagte: »Das sind die Weihnachtssänger, die ziehen singend von Haus zu Haus, und manchmal lädt man sie zu Punsch und Plätzchen ein.«
»Aber wie kommen sie denn dann zu ihrer Medizin?« fragte ich.
»Die sind nicht krank«, sagte er.
Nicht krank!
Da wurde mir zum ersten Mal klar, daß *nicht* jeder zu Weihnachten krank wird. Ich hätte gern gewußt, wie die Weihnachtsferien bei anderen Leuten aussehen. In unserem Stadtteil, in den Häusern, in denen man noch Plätzchen aussticht, gehörten fiebergerötete Gesichter zum gewohnten Bild.
Wir arrangierten ein kaltes Buffet mit Antibiotika, Cola, Wackelpudding, Obstsalat und hoben ein Glas Nerventonikum mit dem üblichen Trinkspruch: »Prost! Auf die Wechseljahre!«

Mom, für den sorgen wir schon ...

Als Oma abgerauscht war, nahm ich mir meinen Sohn vor und sagte: »Hör mal, wegen dieser Schlange ...«
»Mom«, sagte er, »fang gar nicht erst an, schwer zu atmen, es lohnt sich nicht. Sie bleibt nur ein paar Tage. Außerdem dachte ich, Mütter seien immer für ihre Kinder da.«
»Zeig du mir einen Jungen, der seiner Mutter eine Schlange nach Hause bringt, und ich zeige dir ein Waisenkind!«
Seine Geschwister schalteten sich ein. »Genauso war sie damals, als wir Harry ins Haus brachten, weißt du noch?

›Fütter ihn nicht bei Tisch.‹ ›Geh, wasch dir die Hände.‹ ›Du darfst den Hund nicht küssen, du weißt ja nicht, wo er gewesen ist.‹«

»Und jetzt bleibt er dir den ganzen Tag auf den Fersen«, sagte mein Sohn.

»Ohne ihn wärst du ganz verloren«, sagte meine Tochter wehmütig.

»Manchmal glaube ich, du liebst den Hund mehr als uns – nun gib es schon zu.«

Was sollte ich zugeben? Harry ist ein Paket schlechten Mundgeruchs und sollte außerdem einem Anwalt gehören. Nie geht er an einem Bein vorüber, ohne die Zähne hineinzuschlagen. Er beißt die Hand, die ihn füttert. Nämlich meine. Und an dem Tag, an dem er ins Haus kam, wurden Versprechungen gemacht, die nie eingelöst wurden.

Er sollte nie etwas bei Tisch bekommen. (Stimmt, er hatte seinen eigenen Stuhl am Tisch, wie alle anderen Familienmitglieder.) Er würde in seinem eigenen Bett schlafen. (Vorausgesetzt, es war ein Wasserbett, gefüllt mit Cognac.) Wenn er ein Pfützchen oder Häufchen machte, würde derjenige, der es zuerst erblickte, es wegputzen. (Die Kurzsichtigkeit feierte seitdem Triumphe!) Die Kinder würden ihn dazu erziehen, dies draußen zu erledigen. (Er lebt nun schon so lange nur auf Papier, daß wir ihm die New York Times abonniert haben.)

Heute ist er acht Jahre alt, und wenn Sie sich einen Sechsundfünfzigjährigen in schäbigem Pelzmantel vorstellen, der allabendlich sechs Stunden ins Fernsehen glotzt, ohne während der Werbeeinschaltungen das Zimmer zu verlassen, haben Sie es so ziemlich getroffen.

Von der Natur weiß Harry nichts. Er hat nie einen Baum gesehen, einen Grashalm, einen Bordstein, einen Pfeiler, einen Autoreifen.

Er will auch gar nicht wissen, warum er sich nicht auf

dem Samtbezug eines Stuhls erleichtern darf oder warum es so schwierig ist, auf hochflorigen Teppichen auf drei Beinen zu balancieren.

Gott weiß, wie sehr ich mich bemüht habe, ihn stubenrein zu bekommen. Ich lobte ihn, wenn er dorthin ging, wo er sollte, ich strafte ihn, wenn er neben das Papier machte. Bei den Kindern hatte es doch auch immer funktioniert.

Als das Haus komplett mit bepinkelten Spannteppichen ausgelegt war und unsere Besucher in Bewegung bleiben mußten, um nicht mit einer Wand verwechselt zu werden, ließen wir eine Hundetür einbauen.

Eine Hundetür ist eine Öffnung, ungefähr 20 mal 30 cm, die in eine Tür zu 400 Dollar eingepaßt wird. Für den Hund ist es genauso schwierig, dort hindurchzugehen, wie mit verbundenen Augen auf einer Mähmaschine über den Schlangenfluß setzen.

Das Training war ganz einfach: Binnen einer Stunde hatte ich heraus, daß man die Klappe mit der Nase nur kräftig anschieben mußte, dann ging sie nach draußen auf und es war nur eine Frage von ein bißchen Schwung und einem festen Aufsetzen der Hände und Füße auf der Schwelle und schon schob man sich hindurch. Harry brauchte etwas länger, um es zu begreifen.

»Nun tu nicht so, als sei es die Berliner Mauer«, sagte ich eines Tages und rieb mir die schmerzende Schulter. »Es ist ein Durchgang, du kannst raus und auch wieder rein, wenn du Lust hast.«

Eines der Kinder kam eines Tages aufgeregt zu mir: »Mom, der Harry steht an der Tür und will raus!«

Unglücklicherweise war es nicht die Tür, in die wir das Loch geschnitten hatten.

Ein andermal war ich in der Küche und hörte in einer Talkshow einen Hundezüchter reden. Der Moderator fragte ihn, was man tun solle, wenn ein Hund immer auf den gleichen Stuhl pinkelte. Ich ließ das Geschirrtuch

fallen, raste zum Fernseher und kam gerade noch rechtzeitig, um den berühmten Fachmann äußern zu hören: »Schmeißen Sie den Stuhl weg.«
Wenn ein Hund zuläßt, daß man sein bester Freund wird, hat man ihm viel zu danken. Und eine der elementarsten Freuden ist Futter.
Eines Abends kam mein Mann in die Küche, tauchte den Löffel in eine Schüssel und sagte: »Mmm. Schmeckt ja phantastisch! Was ist es denn?«
Ich sagte: »Huhn, Speckstreifen, Zwiebeln und Nierchen.«
»Und wie heißt es?«
»Es heißt Hundefutter. Für uns gibt es Bohnen und Würstchen. Geh und wasch dich.«
»Aber vorher möchte ich noch wissen, was in der Flasche mit der braunen Flüssigkeit ist?«
»Das ist ein neuartiges Getränk für Hunde, die es satt haben, immer nur Wasser zu trinken. Es schmeckt nach Fleisch.«
»Für jemand, der aus der Toilettenschüssel trinkt«, sagte er, »hat er es weit gebracht. Und überhaupt, woher weißt du, daß unser Hund es satt hat, nur Wasser zu trinken. Sagt er ›Bah!‹ und spuckt es aus?«
Hierin mußte ich meinem Mann recht geben. Noch nie hatten wir einen Hund, der sang, sprach, Briefchen schrieb oder sich sonst irgendwie mitteilte.
»Man muß auch mal dem Hersteller vertrauen«, sagte ich.
Ja, Vertrauen brauchten wir unbedingt. In den letzten paar Jahren habe ich ›Tiernahrung‹ (ein paar Tüten Hundekuchen bei den Grassamen am Ausgang vom Supermarkt) zu einem ganzen Regal mit großer Auswahl anwachsen sehen. In blindem Glauben habe ich heimgeschleppt: Knusperchen mit Käse- und Fleischgeschmack, Trockenfutter, das im eigenen Saft weich wird,

Leckerlis, Leberplätzchen, Knochen, von denen der Hund weiße Zähne kriegt und Dosen besonderer Delikatessen dafür, wenn er sich mal langweilt.
»Sag mal«, überlegte mein Mann. »Hat sich der Hund jemals für etwas im Fernsehen Angepriesenes begeistert?«
»Aber du weißt doch, daß er im Fernsehen überhaupt nur auf eines reagiert, auf die Polit-Diskussion, bei der geht er sofort in seinen Korb.«
»Das interessiert ihn eben nicht«, sagte mein Mann. »Womöglich ist er Vegetarier und weiß nicht, wie er uns das beibringen soll. Wenn wir ihm jeden Tag eine rohe Kartoffel hinwerfen, freut er sich vielleicht wie ein Schneekönig.«
Er setzte die Flasche mit dem Fleisch-Drink an, nahm einen Schluck und verzog das Gesicht.
»Was hattest du denn erwartet? Etwas Leckeres?«
Er wandte sich an den Hund und flüsterte ihm zu: »Bleib beim Toilettenwasser.«
Trotz der vielen Forderungen unserer Haustiere stehen sie in der Hack- und Beiß-Ordnung der Familie an oberster Stelle. Ich muß zugeben, daß ich zu Harry eine bessere Beziehung habe als zu jedem anderen Familienmitglied. Das hat seinen guten Grund.
Einen Hund kann man rufen und wenn er gerannt kommt, zu ihm sagen: »Ich wollte nichts Besonderes, nur wissen, wo du bist.« Probieren Sie das mal mit einem Ihrer Kinder, es dreht Ihnen den Hals um!
Ein Hund bleibt auch während der schlechtesten Schau seit Erfindung des Fernsehens neben einem sitzen und wird, sofern sie einem gefällt, kein einziges Mal versuchen, auf etwas Besseres umzuschalten.
Nie lädt er sich Geschäftsfreunde ein und zwingt einen, sich ins Schlafzimmer zurückzuziehen und dort die Zeit abzusitzen, wie ein Schwerverbrecher.

Nie lügt er einen an und nie regt er sich auf, wenn man seinen Geburtstag vergißt.

Jede Beziehung wird dadurch untermauert, daß ein Freund ein Geheimnis bewahren kann. Einem Hund kann man erzählen, daß man die Zinsen für das überzogene Konto noch vor dem 15. zusammen haben muß und nicht weiß woher nehmen – er wird es für sich behalten.

Da gibt es die Geschichte von dem Mann in Wisconsin, dessen Frau und Hund sich nicht vertrugen. Einer von beiden mußte gehen. Er setzte eine Anzeige in die Zeitung: FRAU ODER HUND ABZUGEBEN! FRAU GUTAUSSEHENDE ABER UNGEDULDIGE BLONDINE HUND DEUTSCHER KURZHAAR ZWEIEINHALBJÄHRIGES STERILISIERTES WEIBCHEN. SIE HABEN DIE WAHL! BEIDE GRATIS.

Er bekam mehr als zwanzig Anrufe von Leuten, die sich für den Hund interessierten. Einer der Anrufer sagte, er habe eine kleine Brünette und einen englischen Setter und wollte wissen, ob ein Tausch in Frage käme.

Mein Mann fand diese Geschichte himmlisch. Er sagte, sie sei für ihn vollkommen einleuchtend.

»Schließlich bekäme er von dem Hund die gleiche liebevolle Zuwendung wie von der Frau. Der Hunde würde ihm Pantoffeln und Zeitungen bringen, hinge nicht den ganzen Tag am Telefon, hinterließe nie eingeweichtes schmutziges Geschirr im Spülbecken, und hielte ihm nachts die Füße warm.«

Ich erwiderte: »Wenn das deine Meinung ist, wieso hast du dann keinen Hund geheiratet?«

Mein Mann ist zu schlau ... zu alt ... und zu gut gefüttert, um so etwas auch nur in Erwägung zu ziehen.

Die Gebote eines Vaters

In der Küche war die Stimme kaum zu hören.
»Sie kommt aus dem Wohnzimmer«, sagte der eine Sohn.
»Wie dumm, ich hatte nicht gemerkt, daß jemand im Zimmer war. Ich wollte gerade die Lichter ausknipsen.«
Wir alle erstarrten zu einem lebenden Bild.
»Ich will nur noch ein paar mehr Lampen anknipsen«, fuhr die Stimme fort. »Das kann ich mir leisten, ich bin unabhängig und reich, wißt ihr.«
Ich lächelte. »Es ist euer Vater, der ›Fürst der Finsternis‹, er will uns etwas zu verstehen geben«, sagte ich.
»Sag mir nichts«, sagte mein Sohn. »Laß mich raten. Dad steht im leeren Wohnzimmer und redet mit sich selbst, um uns wissen zu lassen, daß wir beim Verlassen des Zimmers mal wieder die Lampen nicht ausgeknipst haben.«
Der andere Sohn schüttelte den Kopf. »Manches ändert sich nie.« Die Ansprache nämlich war Tradition. Dreißig Jahre lang verschwendete mein Mann seine Zeit darauf, in Zimmern, in denen niemand mehr war, die Lampen auszuknipsen, im Bad die Wasserhähne zuzudrehen und warf sich über den Zähler in der Hoffnung, dadurch die Scheibe am Rotieren zu hindern.
Seine Ermahnungen, Geld und Energie zu sparen, fielen auf taube Ohren. Seine zehn Gebote gegen Verschwendung und Mißbrauch lagen wie die zerbrochenen Gesetzestafeln zwischen nassen Handtüchern und sich auflösender Seife. Mehr als dreißig Jahre lang hatte er tapfer gegen die allgemeine Indolenz angekämpft – einsam und unbeachtet. Seinem Haushaltsevangelium wurde nie der erhoffte Respekt gezollt.

✻ Du sollst den Wasserhahn zudrehen, besonders wenn du fünfzehn Jahre alt bist und beide Arme bewegen kannst.

✣ Du sollst das Telefon einhängen, wenn du so lange geredet hast, daß der Gebührenzähler heiß wird.
✣ Du sollst nicht vor der offenen Tür des Eisschrankes so lange warten, bis etwas zu tauen anfängt.
✣ Du sollst nicht begehren den Heißwasservorrat der übrigen Familie.
✣ Du sollst Vaters und Mutters Thermostat ehren und auf Normalstand belassen.
✣ Du sollst an die Stromrechnung vom vorigen Monat denken und dich im Dunklen freuen.

Es gab noch mehr Gebote, aber diese waren auf den Gesetzestafeln eingegraben. Er begann sie seinen Kindern einzutrichtern, sobald sie alt genug waren, um das Wörtchen »nein« zu begreifen.

Die Telefongesellschaft machte ihm das nicht leicht. Auf allen Reklamen sah es so lustig und vergnüglich aus, lange Telefonate zu führen. Oma und Opa hingen am Hörer und lauschten, wie ihr Enkelkind sein Bäuerchen machte. Oder eine ganze Band drängte sich in eine einzige Telefonzelle, um den Tubaspieler anzurufen, der mit eingegipster Lippe hatte daheimbleiben müssen. Manchmal sah man auch College-Freundinnen, die von der Ostküste zur Westküste telefonierten, um einander mit Tränen in den Augen einen Sonnenuntergang zu schildern.

Vielleicht ist es mal so gewesen. Doch das war, bevor Opa und Oma feststellten, daß das Bäuerchen sie 9 Dollar 12 Cent kostete. Bevor die Band ihre Instrumente zu Geld machen mußte, um diesen Anruf zu tätigen. Bevor Freundinnen merkten, daß es billiger kam, im Bus zu dem Sonnenuntergang hinzufahren, als darüber am Telefon miteinander zu reden.

Unsere Telefonrechnung veranlaßte meinen Mann, die ersten Regeln für künftige Ferngespräche aufzustellen.
✣ Bevor du anrufst, geh auf die Toilette.
✣ Putz dir die Nase und trink ein Glas Wasser.

✻ Lies den Wetterbericht der Stadt, die du anrufst, damit das »Wie ist denn das Wetter bei euch?« wegfallen kann.
✻ Rechne dir die Zeitverschiebung aus, damit du dir die Frage »Wie spät ist es denn gerade bei euch« sparen kannst.
✻ Streite mit deinem Bruder, *bevor* du die Nummer wählst. Gelächter kostet Geld. Spar es auf, bis du eingehängt hast.
✻ Wiederhole dich nicht. Wenn jemand sagt: »ich liebe dich«, brauchst du nicht zu erwidern: »Ich liebe dich auch.« Ein einfaches »dito« genügt.
✻ Tiere oder Kleinkinder am Telefon sind reine Zeitverschwendung. Sie bellen/lachen/reden/singen immer erst, wenn sie hören, daß der Gesprächspartner eingehängt hat. Also schreib lieber Briefe.

Aber so richtig auf die Palme trieb es den guten Dad, wenn er in die Küche kam und seine drei Kinder vor beiden weit geöffneten Türen des Kühlschranks fand, so daß ihnen die Haare in der Nase zusammenfroren. Auch für so etwas wußte er eine Regel. Er besann sich dabei auf sein System mit unserem Panzerschrank. Wenn er ein Dokument für die Steuer herausholte, notierte er es auf einem kleinen Zettel. Wenn er eine Versicherungspolice oder unsere Pässe wieder deponierte, schrieb er das auf. So konnte er mit einem Blick erkennen, was im Panzerschrank war und was nicht.

Er dachte, das müsse auch beim Kühlschrank funktionieren, daher notierte er den Inhalt an der Kühlschranktür und bat seine Familie, alles Entnommene und Hinzugefügte auf dieser Liste zu vermerken.

Eine Kohlroulade hatte sieben Ein- und Ausgänge, woraus man ersah, daß keiner wußte, was es war, ehe er nicht hineingebissen hatte. Ein Schlauberger trug ein: Entnommen fünfunddreißig Kirschen und zwei Pfirsiche, rückerstattet zweiunddreißig Kirschsteine und zwei Pfirsichkerne. Eine Schachtel Backpulver wurde herausgeholt und wieder hineingetan mit einem Zettel: »Zuviel Arbeit!«

Die vermutlich rührendste Eintragung unter »Entnommen« waren Eiswürfel mit der Notiz: »Hätte sie gern ersetzt, weiß aber nicht, wie man sie macht.«

Er gab sich solche Mühe! Wie oft versammelte er die Kinder an der Tür und sprach: »Heute wollen wir einmal den Thermostaten durchnehmen. Wenn es in eurem Zimmer kalt ist, was tut ihr dann?«

Einer der Jungen trat vor und stellte den Thermostaten auf 25 Grad.

»Du bist auf dem richtigen Wege, aber du brauchst noch Feinschliff«, sagte sein Vater. »Wenn es nun in deinem Zimmer zu heiß wird – was unausbleiblich ist –, was machst du dann?«

»Ein Fenster auf«, gähnte unsere Tochter.

Sie hörten sich aufmerksam seine Rede »Papi ist kein reicher Mann« an und folgten ihm pflichtschuldigst zum Zähler, wo er ihnen die rotierende Scheibe zeigte. Er erklärte ihnen, wieviel er für jede kleine Umdrehung zu zahlen hatte. Als ich von weitem beobachtete, wie seine Lippen das Wort »bankrott« bildeten, tat er mir direkt leid.

Schließlich sagte einmal einer von den Kindern: »Moment! Willst du damit sagen, je kälter es draußen wird, desto mehr verbraucht die Heizung, damit es drin warm bleibt? Und jedesmal, wenn es bei ihr ›Klick‹ macht, kostet es Geld?«

Mein Mann nickte freudig.

»Das hättest du dir aber überlegen müssen, ehe du dir drei Kinder anschaffst«, sagte er.

Hie und da wird unser Heim mit einem Atomkraftwerk verwechselt, mit einem Film-Uraufführungstheater,

einem nächtlichen Baseballstadion oder dem Ausgangspunkt für einen Faschingszug.
Trotz all der Vorträge meines Mannes darüber, wie ein Lichtschalter funktioniert, sind wir noch immer der einzige Leuchtturm, dessen Strahlen den in der Wüste von Arizona irrenden Seeleuten heimleuchtet.
Ich erinnere mich, daß wir einmal nachts heimkamen und 32 brennende Lampen vorfanden. Mein Mann warf die ganze Familie aus den Betten und beorderte sie ins Eßzimmer. Dort blätterte er in einem Stoß Papiere voller Zahlen.
»Habt ihr gewußt«, fragte er, »daß jeder von euch, der heiß badet, mich im Jahr 135 Dollar kostet, und die Waschmaschine 350?«
»Willst du damit sagen, wir sollten alle gleichzeitig im Spülgang der Waschmaschine baden?« gähnte eines der Kinder.
»Ich will damit sagen, daß wir uns mal alle etwas genauer ansehen wollen, was um uns her geschieht. Ein Duschbad ist wesentlich billiger. Es verbraucht weniger Wasser.«
Sie dankten ihm für seine Mitteilungen und standen auf.
»Sitzengeblieben!« befahl er. »Ein Wasserbett kostet an Strom 4 Dollar 35 Cent pro Jahr, bis es warm ist, eine Heizdecke aber nur 2 Dollar 20.«
»Na, großartig«, sagte unser Sohn. »Warum stellen wir uns nicht alle in den Haartrockner, um warm zu bleiben. Der kostet im Jahr nur 1 Dollar 75.«
»Für einen Zehner mehr«, sagte ein anderer Sohn, »könnten wir uns den Dreck gleich mit dem Staubsauger absaugen.«
Geschlagen zog mein Mann ab.
»Euer Vater hat nicht unrecht«, mahnte ich die Kinder. »Schließlich zahlt er die Rechnungen und hat keinen anderen Dank dafür als Verschwendung. Von nun an

wollen wir doch immer erst nachdenken, wieviel Strom etwas kostet, ehe wir es einschalten.«
Als mein Mann zum Frühstück kam, fragte er: »Wo ist der Kaffee?«
»Ich hab ihn auf dem Popcorn-Popper gekocht«, sagte unsere Tochter. »Der verbraucht nur für 40 Cents Strom, die elektrische Kaffeemaschine aber für 5 Dollar 40.«
Der eine Sohn rasierte sich nicht mehr, weil das pro Jahr 40 Cents kostete. Der andere kam zu spät zur Arbeit, weil er den Stecker seines Elektroweckers (1 Dollar 20) rausgezogen hatte, und aus dem Kühlschrank drang ein sonderbarer Geruch, weil ihn eingeschaltet zu lassen 109 Dollar 45 kostete.
Ich bot meinem Mann eine Scheibe in der Sonne getoastetes Brot an, aber er ging an mir vorbei zur Tür.
Es war also vorauszusehen gewesen, daß er schließlich mit sich selber redete.

Eine Familie, die gemeinsam ißt, bekommt Verdauungsstörungen

Freitag, 19 Uhr
Es war mal wieder alles wie gehabt.
Das eine Kind warf die Teller auf den Tisch wie eine griechische Tänzerin, ein zweites stand vor dem Kühlschrank – vor ihm teilten sich die Türflügel wie das Rote Meer – und jammerte: »Es ist nichts zu essen da.«
Sein Bruder pflichtete ihm bei und sagte: »Was Hunger ist, weiß man erst, wenn man als letztes Kind dieses Haus verläßt. Habt ihr eine Ahnung, was ich gekriegt hab, nachdem ihr alle weg wart? Jeder Behälter im ganzen Haus war voller Weizenkleie, es gab künstliche Eier, Joghurt-Kulturen, die sich im Kühlschrank teilten und vermehrten wie in einem schlechten japanischen Film,

und die Milch war der reinste Bürgerkrieg: blau oder grau!«
»Du Ärmster«, sagte seine Schwester. »Du brauchst nur noch wieder mal zu erzählen, wie du als Sechzehnjähriger mit dem Wagen der Eltern zur Schule gefahren bist, nur damit die Batterie sich wieder auflädt.«
»Die Eltern sind total gesundheitsbewußt«, jammerte er weiter.
»Sie kaufen sogar zuckerfreie Abführmittel! Wahnsinn! Was haben sie denn gedacht, was ich damit mache? Sie übers Vanilleeis kippen und mich vollfressen?«
»Nun mach mal halblang, ja?«
»Aber wenn ihr heimkommt, wird gleich immer gebacken und gebraten auf Teufel komm raus.«
»Total frustriert, der, wie?« fragte sein Bruder.
»Und du hast nie so alte Lexika benutzen müssen wie ich, in denen unter ›Präsident‹ noch Harry S. Truman steht!« beklagte er sich weiter.
»Und wir«, sagte sein Bruder, »haben an unserem zwölften Geburtstag keine Uhr gekriegt.«
»Komm doch nicht wieder damit!«
»Mensch, hör auf zu meckern!«
»Jetzt mal Ruhe, hilf mir beim Tischdecken.«
»Das ist Frauensache.«
»Ich sag's Mom!«
Sie hatten tiefere Stimmen bekommen. Sie waren in die Breite gegangen. Doch der Dialog kam aus dem Mund der gleichen Menschen, die vor fünfzehn Jahren am gleichen Eßtisch gesessen hatten.
Die ganze Schau war für die Eltern bestimmt. Dieses Stück hatte neben *Chorus Line* und *Cats* den größten Serienerfolg in der Geschichte des modernen Theaters.
Alles fiel mir wieder ein.

»Mom, mach, daß sie damit aufhört«, sagte eine gereizte Stimme. Die Stille war ohrenzerfetzend. »Womit soll sie denn aufhören?«
»Mit dem Summen.«
»Ich höre nichts.«
»Du hörst es ja nie. Sie summt so, daß es keiner hört außer mir.«
Ich beugte mich so nah zu meiner Tochter, daß meine Haare ihre Lippen berührten und horchte. Nichts.
»Schau doch mal auf ihren Hals«, wies mich ihr Bruder an.
Ich befühlte ihren Hals um zu kontrollieren, ob die Adern noch warm waren. Dann befahl ich ihr aufzuhören.
»Hat sie aufgehört?« fragte ich meinen Sohn.
Er lächelte triumphierend.
Geschwisterneid ist von dem Psychoanalytiker Alfred Adler zu Beginn der zwanziger Jahre erfunden worden. Bis dahin gebrauchten Eltern Wendungen wie: »Sie werden sich noch gegenseitig umbringen!« und »Larry, um Gottes willen kehr ihnen nie den Rücken zu.«
Adler sagt, es sei eine »Phase«, die alle Kinder durchlaufen, wenn sie um die Aufmerksamkeit der Eltern wetteifern. Nun, unsere ungeteilte Aufmerksamkeit hatten sie, sie merkten es nur nicht.
Geschwisterneid begann in unserer Familie an dem Tag, an dem ich unseren zweiten Sohn aus der Klinik heimbrachte. Sein Bruder musterte ihn und sagte: »Na ja, vielleicht schaffen wir uns später doch einen Hund an.«
Anfangs war die Rivalität noch kaum merklich, wenn er beispielsweise dem Baby auf die Luftröhre trat, oder es unter den Laufrollen seines Ställchens einklemmte. In Geschäften schob er es mitsamt Einkaufswagen vor eine kahle Wand und ließ es dort stehen.
»Was hast du nur dauernd gegen deinen Bruder?« fragte ich ihn manchmal.

»Der ist blöd. Der tut überhaupt nichts. Immer sabbert er nur und frißt die Etiketten von den Dosen.«
Besser wurde es nie. Als der Kleine nicht mehr sabberte, fing er an zu spucken. Als wir seinen Mund unter Kontrolle gebracht hatten, fing seine Nase an zu laufen. Als er dann selber laufen konnte, fiel er hin. Wenn er sich setzte, machte er irgend etwas naß. Selbst wie er schnaufte, ärgerte den Bruder.
Kinder, die auf die Welt kommen, sind mit einem Computer ausgestattet, in dem jedes Geschenk, jede Freundlichkeit zusammen mit dem Alter, in dem sie empfangen wurden, gespeichert ist. Wehe den Eltern, die dem einen Kind ein Jahr früher ein Rad schenken als dessen Geschwistern, oder ihm einen Zirkusbesuch gestatten, der nicht auf die Stunde genau dem entspricht, den sie seinen Geschwistern erlaubten.
Auch die Eltern sind nicht vollkommen schuldlos.
Mit fällt keine Mutter auf der Welt ein, die nicht die erste Elternsünde begangen hätte; ihre Kinder miteinander zu vergleichen.
Von dem Tage an, an dem die Gören geboren sind, vergleichen wir sie: mit uns, mit ihren Geschwistern, ihren Altersgenossen und jedem anderen Kind, mit dem sie in Berührung kommen.
Sie sind kleiner als ihr Bruder im gleichen Alter. Sie sind in Mathematik schlechter als ihre Schwester, und fauler als der Junge vom Nachbarn, fangen keinen Baseball wie ihr Vater und ihr Haar hat keine Naturkrause wie das ihrer Mutter.
Eines Tages fragte mein jüngerer Sohn: »Warum vergleichst du mich immer mit meinem Bruder?«
»Weil du ein schlechterer Schütze bist.«
»Wenn ich bloß ein Einzelkind wäre!«
»Würde nichts ausmachen«, sagte ich. »Als ich deinen Bruder erwartete, verglich ich ihn mit dem Baby, das

meine beste Freundin erwartete. Ihres strampelte viel häufiger.«

Gegen Ende der Mahlzeit trat eines der Kinder unter dem Tisch ein anderes vors Schienbein. Als ich fragte warum, sagte er: »Der da weiß schon!« Als ich »den da« fragte, sagte er: »Er lügt.« Als ich ihn bat, damit aufzuhören, sagte er: »Immer läßt du ihn mich anschreien: Iiiii! und sagst nie ein Wort.«

So ging es hin und her, bis das Essen vorbei war.

Als ich einen von beiden auf sein Zimmer schickte, sagte er: »Klar, der da ist ja dein Liebling.«

Er hatte recht. Jede Mutter hat einen Liebling. Auch ich hatte einen. Es war immer das Kind, dem zu schlecht war, um auf seiner Geburtstagsparty Eis zu essen, das zu Weihnachten Masern bekam und im Bett Fußstützen tragen mußte, weil es einwärts ging.

Es war das Kind, das mitten in der Nacht Fieber bekam, an Asthmaanfällen litt und das ich in der Notaufnahme des Krankenhauses in den Armen hielt.

»Mein Lieblingskind« war das, das ich strafte, wenn es log, ausschimpfte, wenn es den Gefühlen anderer gegenüber rücksichtslos war und das ich wissen ließ, es sei eine gräßliche Plage für die ganze Familie.

Das Lieblingskind sagte Dummes, für das es keine Entschuldigung gab. Es war egoistisch, unreif, übellaunig und ichbezogen. Es war empfindlich, einsam, ganz unsicher, was es auf der Welt wollte – und wunderbar.

Das Kind, das ich am meisten liebte, war dasjenige, bei dem ich zusah, wie es kämpfte, es diesem Kampf allein überließ und gar nichts tat.

Jede Mutter weiß: Das Lieblingskind ist immer das, das am wenigsten Liebe verdient – sie aber am nötigsten hat.

Wenn Eltern so dasitzen und sich den Wortwechsel zwischen Geschwistern am Eßtisch anhören, müssen sie die

Brillanz der Aufführung bewundern, sie können nicht anders. Aber die Kinder haben ja auch lange geübt.
Zwar hat kein Mensch um eine Zugabe gebeten, doch man bekommt sie trotzdem, denn jetzt kommt die Nummer: »Also beim Geschirrwaschen bin *ich* heute nicht dran.« Ihre Unverschämtheit überrascht mich jedes Mal.

Bei einer Umfrage unter Jugendlichen, warum sich ihrer Meinung nach ihre Eltern Kinder angeschafft haben, würden 12 % angeben, sie hätten sich vermutlich vorm Fernseher gelangweilt, 26 %, es sei vermutlich ein außer Kontrolle geratenes züchterisches Projekt und 62 % würden jeden Eid schwören, Erwachsene hätten nur deshalb Kinder, damit sie nicht selber Geschirr spülen müssen.
Trotz der Tatsache, daß fünfzehn Millionen Amerikaner halb krank herumlaufen, weil sie von Tellern voller Krankheitskeime essen und der Bruchquotient bei Geschirr sechsstellig ist, gehört auch heute noch das Geschirrspülen zu den häuslichen Pflichten der Kinder.
In meiner Laufbahn als Mutter bemerkte ich schon früh, was ich mir damit eingehandelt hatte: ein schlechtgelauntes Kind, das heimlich auf eben abgespülte Teller spuckte und dadurch ein Fundament des Argwohns legte, ein Kind mit Nieren von Linsengröße, das während des Säuberungsrituals fünfmal ins Bad verschwand, und ein weiteres Kind, das so lange behauptete, heute mit Spülen nicht dran zu sein, bis die Teller aus der Mode waren und man das Besteck nicht mehr nachkaufen konnte. Als elektrische Spülmaschinen herauskamen, dachte ich, sie würden für meine Familie das tun, was Stützstrumpfhosen für meine Schenkel getan hatten: sie fest zusammenhalten.
Der Tag, an dem bei uns die Spülmaschine installiert wurde, war dadurch gekennzeichnet, daß meine Kinder sich darum rauften, jawohl, rauften, wer sie als erstes beladen durfte.

Am zweiten Abend öffnete dasjenige meiner Kinder, das früher auf die Teller gespuckt hatte, die Klappe der Spülmaschine und sagte: »Wie soll ich den Tisch abdekken, wenn hier noch das Geschirr von gestern drin ist.«
Ich hatte hierauf eine Antwort, die meiner Tochter nicht gefiel.
»Kein Mensch hat mir was von Ausräumen gesagt«, murrte sie.
»Ich füll sie immer nur.«
Wäre sie Stewardeß auf der Titanic gewesen und jemand hätte um einen Rettungsring gebeten, sie hätte erwidert: »Tut mir leid, aber das ist hier nicht mein Revier. Ich bin fürs Achterdeck zuständig.«
Ich kann es nicht ganz genau benennen, aber es scheint irgend etwas »fies« daran zu sein, diese quietschenden, sauberen Teller und funkelnden Besteckteile in ihre Schubladen und Fächer einzuräumen. Die Kinder tun es nicht gern. Vielleicht wollen sie ganz einfach keine sauberen Hände kriegen.
Seit wir die Spülmaschine haben, bin immer ich es, die sie ausräumt. Während ich das tue, denke ich darüber nach, wozu ich Kinder gekriegt habe. Was für eine Frage. Ich habe sie gekriegt, weil sie meine Gene weitergeben und mir Unsterblichkeit verleihen werden. Sie sollen mein Leben mit Freude füllen, ihm ein Ziel und einen Sinn geben.
Andererseits kann ein Schäferhundwelpe einen Teller in dreißig Sekunden sauberlecken, ohne den Teller von der Stelle zu bewegen und sieht dabei auch noch süß aus.
Ich begreife es nicht. Die Kinder sitzen während der ganzen Mahlzeit da und erwähnen das Geschirr nie. Es herrscht fröhliches Geplauder. Dann machte einer eine ganz beiläufige Bemerkung, etwa: »Kinder, ich hab so viel auf heute. Ihr könnt alle hier sitzen bleiben und weiterreden, wenn ihr wollt.«

Und macht Anstalten, sich zu erheben.
»Wenn du aufstehst, hau ich dir eine in die Fresse«, sagt eines seiner Geschwister. »Ich bin mit Geschirrwaschen nicht dran.«
Das dritte schaltet sich spontan ein. »Ich auch nicht. Außerdem hab ich nichts gegessen, bin also *out*.«
Das erste sagt dann: »Es ist ganz leicht rauszukriegen. Ich war am Dienstag dran, weil wir Spaghetti hatten. An mir bleibt es immer hängen, wenn wir Spaghetti hatten, weil Mom mich nie hat leiden können.«
»Komm mir bloß nicht so«, sagte ein anderer der Mitspieler.
»Du hast es seit drei Wochen nicht mehr gemacht, weil du immer zum Balltraining mußtest. Dabei spielst du nicht mal. Du ziehst nur das Dreß an und hockst im Duschraum, damit du das Geschirr nicht spülen mußt.«
»Du traust dich, so was zu sagen, wo du den Hund beim Abwaschen helfen läßt? Glaub ja nicht, wir hätten das nicht gesehen!«
»Na, ich laß wenigstens den Schmortopf nicht im Rohr, die eingeweichten Pfannen nicht im Ausguß stehen und deponiere keine abgefressenen Maiskolben im Kühlschrank!«
Ende des ersten Akts! Die Eltern applaudieren – wenn auch im Sitzen.
In meiner Naivität hatte ich immer gedacht, gemeinsames Abwaschen festige den Zusammenhalt einer Familie. Wenn man alles teilt, auch die Lasten und jeder nach bestem Vermögen beiträgt, dachte ich, wird die Welt ein besserer Ort!
Diese Legende zerplatzte an dem Abend, an dem wir einem Sohn das Tranchiermesser wegnehmen mußten, der behauptete, er sei nicht »dran« und damit nach seinem Bruder gezielt hatte.
Damals gingen wir sofort zu Plan B über, in welchem

vorgesehen ist, daß jedes von den Kindern einen Abend Küchendienst und danach zwei Abende frei haben soll. Doch das Tauschen und Rückerstatten machte die Buchführung so unübersichtlich, daß wir in ein anderes Haus ziehen und von vorn anfangen mußten. Die Kinder waren, jedes für sich, in der Küche unverwechselbare Persönlichkeiten.

Der eine Sohn war ein Einweicher. Alles wurde mit Wasser gefüllt und weichte. Das einzige, was nicht im Ausguß stand, war der Spaghettitopf, der außen sauber aussah und drei Jahre lang mit angebackenen Spaghettis an der Wand hing.

Der zweite Sohn war ein Aufheber. Kein Restchen war zu gering, um nicht in der ursprünglichen Servierschüssel aufbewahrt zu werden: eine Traubenbeere, ein Pommesfrites-Stäbchen, ein übriggebliebener Kaugummiknäuel auf einem Eßteller. Alles wurde demjenigen hinterlassen, der am folgenden Abend zum Geschirrspülen dran war.

Das dritte Kind aber, eine Tochter, war ein Schmeißer. Ein ganzes Abbruchkommando in einer Person, die einen Tisch binnen dreißig Sekunden zerstören konnte. Sie deckte ab. Sie stapelte die Teller. Sie spülte. Sie trocknete ab. Sie räumte ein. Und das alles in fünfzehn Sekunden und ohne die geringste schonende Behandlung.

Allen dreien aber war ein Zug gemeinsam: Kaum hatten wir fertiggegessen, überfiel sie ein dringendes natürliches Bedürfnis und sie verschwanden im Badezimmer, bis sie sicher sein konnten, daß die Reste auf den Tellern festgeklebt waren.

Es war ein Spiel, das sie spielten. Würde Mutter als Märtyrerin seufzen: »Na, laßt nur, ich mach's schon selber«, und wenn sie aus dem Badezimmer kamen, die Küche vor Sauberkeit glänzen und das Geschirr gespült sein?

Oder würde Mutter es ihnen gleichtun und sie würden in

die Küche müssen und für nichts und wieder nichts großartige Leistungen zeigen?
Dieses Spiel wurde immer wieder prolongiert. Ja, eigentlich können sie noch heute kein Geschirr klappern hören, ohne instinktiv sofort ins Bad zu gehen und die Tür abzuschließen.

Wer kocht denn heute noch Hausmannskost?

Rückblickend komme ich zu dem Schluß, daß es nur noch eine Frage der Zeit ist, wann die gemeinsame Essensstunde der Familie zum historischen Relikt wird und Schnellgerichte die Oberhand bekommen.
Daß die Tage der Hausmannskost gezählt werden, merkte ich in dem Moment, in dem unser Jüngster mir mit der Gabel den Mund aufsperrte und hineinschrie: »Ich möcht'n Cheeseburger und zwei Pommes-frites und zwar richtige.«
Mein Schmorbraten wich der Pizza, die mit einem runden Hütchen und einem Spazierstöckchen serviert wird. Meine hausgemachten Frikadellen konnten nicht mehr mithalten mit den stets wechselnden Erfolgszahlen verkaufter Hamburger unter den goldenen Torbögen der »Hamburgerfabriken«. Ich verstand ja nicht einmal Huhn »richtig« zuzubereiten.
So sah ich denn meine Familie Tag für Tag auswärts essen gehen, dorthin, wo man keinen Tisch decken und sich nicht vorher die Hände waschen mußte und wo Gemüse verpönt war. Die warmen Düfte aus Mutters Küche waren *out. In* war ein unbequemer Platz in einem Restaurantwagen voller Reklamefähnchen vom Supermarkt, Reklameschildern für Chemische Reinigungen, Schulbüchern, Verlängerungskabeln und Hundehaaren.
Da die alten Regeln für das Essen daheim (Sitz gerade!

Kau ordentlich! Lach nicht mit Quark im Mund!) nicht mehr in dieses neue *Ambiente* passen, entstanden neue.

Bestell nie vom Rücksitz eines Wagens aus so, daß du dem Papi dabei ins Ohr brüllst. Warte schweigend, bis man dich nach deinen Wünschen fragt. Sag anschließend danke.

Bestelle nie mehr, als du zwischen den Knien balancieren kannst. Denke immer daran, daß zwischen deinen Beinen schmelzendes Eis in mehr als einem Sinne eine bedripste Atmophäre schafft. Bekommst du zufällig ein Sandwich, das dir nicht gehört, spuck nicht drauf und wirf es auf den Boden. Gib es einfach dem Fahrer des Wagens zurück und sage ihm, es sei ein Irrtum.

Wenn du die Wahl hast: Es ißt sich besser auf dem Beifahrersitz. Das Armaturenbrett bietet Raum für das Abstellen von Getränken. Doch sind die Frontsitze für Eltern reserviert, denn sie sind rang-älter.

Die Unterhaltung beim Essen in einem Wagen sollte sich auf Vorkommnisse in der Schule, künftige gesellschaftliche Ereignisse und den höflichen Austausch von konventionellen Meinungen beschränken. Es ist total unpassend, sich darüber zu verbreiten, woran einen die merkwürdig aussehende Sauce erinnert.

Iß immer nur mit geschlossenen Beinen. Wenn die Wagenfenster nicht getönt sind, sollte es zwischen den Speisenden auf den Rücksitzen zu keinerlei Körperkontakten kommen.

Denk daran: De facto ißt du in der Öffentlichkeit. Das bedeutet: Es dürfen dir keine Pommes-frites von der Nase hängen. Wenige Esser finden das ulkig. Obwohl der Raum in einem Wagen sehr begrenzt ist, besteht kein Grund, warum es darin aussehen sollte wie in einem mittleren Saustall.

Anschließend sollte jeder einzelne sich um seinen/ihren Abfall kümmern und ihn in einer Tüte versenken. Zwei

Wochen alte Zwiebelringe im Aschenbecher sind kein hübscher Anblick. Warum nur ist das häusliche Essen ausgestorben? Vielleicht war es reif zum Untergang? Ich war schon so weit, daß ich die Familie nicht einmal mehr zum gleichen Zeitpunkt an den Tisch bekam. Rief ich: »Eeesssen!« machte die ganze Familie eine komplette Drehung wie die Lippizaner in Wien während einer Vorführung. Mein Mann verschwand ohne sichtlichen Grund mit zwei Bänden über Churchill im Bad, ein Kind hob den Telefonhörer ab und wählte irgendeine Nummer, ein anderes griff sich den Korbball, ging hinaus und übte Schüsse und ein anderes bestieg den Autobus irgendwohin.

Als der erste zivilisierte Mensch die ›Essenstunde‹ erfand, war sie als Sammelpunkt für alle Angehörigen gedacht, als Anlaß, miteinander in der Runde zu sitzen und über den Spargel zu scherzen.

Unsere Familie hörte sich, wenn wir zusammenkamen, ungefähr so an wie ein Lynchgericht.

Das Problem war, daß man sich nicht darüber einigen kann, was ein ›geeignetes Thema für ein Tischgespräch‹ ist.

Kinder neigen dazu, über Dinge zu reden, die einem den Appetit verschlagen, – und die Lebensfreude dazu. Bei einer einzigen Mahlzeit bekam ich zu hören, wie die Unterseite einer Zunge aussieht, ein Gerücht darüber, daß ein sehr beliebtes Gericht Rattennüstern enthielt, woran Erbspüree erinnert, wenn man es von weitem sieht und wie der Stuhl des Hundes beschaffen ist, wenn er übriggebliebenes Huhn gegessen hat.

Männer sprechen lieber über Geld. Binnen Minuten erzeugen sie in einem ein schlechtes Gewissen, weil man zum zweitenmal vom Salz genommen hat. Auch benutzen sie die Gelegenheit, den Kindern eine ihrer berühmten Standpauken zu halten, etwas in der Art, daß die Benzinuhr auf Null bedeutet, daß man tanken muß, daß man nur dann ferne Freunde anrufen darf, wenn der Empfänger den Anruf zahlt. Mein Mann sprach auch gerne über mein Lieblingsthema: »Wieso braucht denn der eine Zahnregulierung, der lächelt ja sowieso nie.«

Mütter benutzen das Zusammensein bei den Mahlzeiten dazu, die seit den Windeln von den Kindern begangenen Sünden durchzuhecheln. (»Es ist noch nie jemand etwas geworden, der das Bett immer nur mit dem Kleiderbügel glattgestrichen hat.«)

Auch in meiner Eigenschaft als Köchin hätte ich die Eßgewohnheiten der Meinen kaum länger ertragen. Ich stellte fest, daß die Kinder desto weniger kauten, je mehr Zähne sie bekamen. Nie aßen sie etwas Grünes, nie etwas aus der Pausen-Tüte, auf der ihr Name stand. Niemals zweimal das gleiche Müsli zum Frühstück und im innersten Herzen glaubten sie, daß der Hund etwas Besseres bekäme als sie.

Schließlich erlagen selbst mein Mann und ich der Verführung des bequemen Auswärtsessens. Daß es mich begeisterte, war weiter kein Wunder. In meinem Leben hatte ich noch nie so viele Leute kennengelernt.

Als wir mit unseren Bekannten vor dem Lokal vorfuhren, öffnete ein Angestellter die Wagentür und sagte: »Guten Tag. Ich bin Hal, ich parke Ihren Wagen für Sie. Viel Vergnügen beim Essen.« Ich sagte: »Vielen Dank, Hal. Ich bin Erma, das hier ist mein Mann Bill und dies sind unsere Freunde Dick und Bernice.«

Als wir dann alle im Restaurant saßen, kam eine junge Frau und sagte: »Guten Abend, ich heiße Wendy, ich bin Ihre Cocktailbedienung. Was darf ich Ihnen heute bringen?«

Ich stellte uns wieder alle vor und orderte etwas von der Bar. Mein Mann neigte sich zu unserem Freund und fragte: »Sag mal, Dick, was soll das?«

Ein Ober brachte einen Korb Brot an unseren Tisch und sagte: »Guten Abend, Leute. Ich heiße Brick und das hier sind unsere speziellen Knoblauchbrötchen mit einem Hauch Parmesan und frischer Petersilie. Wenn Sie mehr wollen, rufen Sie mich. Guten Appetit.«
»Danke, Brick«, sagte mein Mann. »Also, Dick, was soll das alles?«
Da erschien ein anderer Ober und sagte: »Hallo, ich bin Stud und bediene Sie heute abend. Darf ich Sie einmal einen Augenblick unterbrechen und Ihnen die Spezialitäten von heute durchgeben. Der Küchenchef hat *Osso bucco* vorbereitet. Das wird aus Kalbsknochen, Knoblauch, Hühnersauce, Weißwein, Tomatenmark und feingehackten Anchovisfilets gemacht.
An frischem Fisch haben wir heute geräucherten Dorschrogen, den der Chef zu *Tarama salata* verarbeitet, mit reichlich schwarzen Oliven, Schlagsahne, Zitrone und Olivenöl.
Die Tagessuppe ist eine allgemein beliebte aus Brunnenkresse und Apfel mit einer Prise Curry. Ich lasse Ihnen eine Minute, um sich zu entscheiden.«
Wie betäubt sahen wir einander an. Sein Monolog hatte länger gedauert als die meisten Ehen.
»Also, Dick, was soll das alles?« begann mein Mann wieder.
Wendy erschien erneut und fragte: »Darf ich noch mal nachschenken?«
Wir schüttelten die Köpfe.
Nach ihr erschien Stud und sagte: »Sind wir soweit? Können wir bestellen?«
Kaum hatten Dick und Bernice sich entschlossen, den Salat zu teilen, da wurde ein Tisch herangerollt und Stud berichtete das Drama der Geburt des Salats Cäsar, als sei er eine Hebamme.
Inzwischen war auch Frank (der Küchenchef) mit einem

nackten Fisch erschienen, den er uns zur Inspektion unter die Nase hielt. (Gott sei Dank, daß ich die erwürgte Ente bestellt hatte!) Nach dem Salattisch kam noch ein Tisch, über dem Flammen züngelten, und Stud faszinierte uns mit seinem Kommentar zur Sauce für die marokkanischen Fleischklößchen.

Es erschien Arthur, einen Schlüssel um den Hals und ein Buch in der Hand, das schätzungsweise dreißig Pfund wog, und stellte sich als unser Weinkellner vor. Ich machte ihn mit Bill, Dick und Bernice bekannt.

Als uns das Hauptgericht hingestellt wurde, wagte keiner sein Essen anzurühren, ehe wir das Pfefferritual durchlaufen hatten. Ich behaupte nicht, daß ich begreife, warum Pfeffer so hoch in Ehren gehalten wird wie Weihrauch und Myrrhe, aber so ist es nun mal.

Und da war auch schon Stud mit einer Pfeffermühle so groß wie der Mittelfuß eines Flügels (je größer die Pfeffermühle, desto höher der Rechnungsbetrag) und fragte: »Pfeffer?«

Das Gespräch kam ins Stocken, weil jeder überlegte, was er antworten würde; wenn er an der Reihe war. Ich zögerte sekundenlang und sagte dann: »Ja, bitte.« Stud achtete auf meine Hand und erwartete, daß ich die Menge und den genauen Moment des Innehaltens dirigieren würde.

Das Gespenstische an der Geschichte ist: Es kommt kein einziges Körnchen Pfeffer aus der Mühle. (Ähnlich wie beim ersten Gepäckstück auf dem Laufkarussell im Flughafen. Haben Sie je beobachtet, daß jemand es an sich nimmt? Natürlich nicht. Es gehört nämlich niemand. So ist das!)

Als Brick den Tisch abgedeckt hatte, erschien Stud mit dem Dessert-Wagen, und Wendy schmollte, weil niemand einen Likör wollte. Ich hätte gern einen Kaffee genommen, doch wenn wir noch länger blieben, wäre ich zu alt geworden, um die Tasse zum Munde zu führen.

Wir verabschiedeten uns von Hal, Wendy, Brick, Stud, Frank und Arthur. Wir waren völlig erschöpft.
Möglicherweise kehrt man eines Tages zum gemeinsamen Essen ins eigene Heim zurück. Wann das sein wird? Vielleicht, wenn der Wunschtraum vom Herd mit eingebauter Wasserspülung Wahrheit geworden ist. Wer weiß.
Als neulich einer der Jungen im Kühlschrank kramte, fragte er: »Was ist *das* denn?«
»Das ist Sellerie und sehr gesund.«
Er sagte: »Wenn's so großartig ist, wieso wird's dann nie in einer Tanznummer im Werbefernsehen angepriesen?«
Diese Frage konnte ich nicht beantworten.

Technologie auf dem Vormarsch

Der jüngere Sohn erhob sich als erster. Er sprang vom Tisch auf und sagte: »Jetzt muß ich mit meiner Wäsche anfangen, sonst kann ich nicht ausgehen. Wie spät ist es denn?«
Ich sah auf die Uhr.
»In Hamburg ist es 6 Uhr früh, wenn dir das was nützt.«
»Wieso weißt du, wie spät es in Deutschland ist, Mom?«
»Weil meine Uhr dort hergestellt wurde und die Gebrauchsanweisung für das Zeitumstellen auf deutsch geschrieben ist.«
»Die Uhr am Backofen sagt elf Uhr.«
»Das stimmt nicht«, sagte mein Mann. »Deine Mutter sieht ohne ihre Brille nicht, was sie tut, und wenn sie das Läutwerk einstellt, stellt sie die Uhr immer mit.«
»Und die auf dem Video?«
»Die steht immer auf 12 Uhr und blinkt«, sagte ich, »weil dein Vater zwischen Punkt zwei und Punkt fünf der Anleitung irgendwas vermurkst hat und dann der Strom ausgefallen ist.«

»Mein Gott, Mom, du und Dad seid wirklich weg vom Fenster! Wie funktioniert der Laden bei euch beiden überhaupt? Ohne Technologie wäre ich verraten und verkauft. Der kleine Piepser hier«, sagte er und schlug auf seine Brusttasche, »hält mich in Kontakt mit der Welt.«
»Da hat er recht, Mom«, sagte unsere Tocher, »du solltest auch eines von den kleinen Signaldingern haben, an den Wagenschlüsseln oder an deiner Brille. Denk doch bloß mal, wieviel Zeit du dann sparst.«
Dieses Thema war mir widerwärtig.
»Wenn wir dich als Siebzehnjährige mit einem Narkosepfeil angeschossen und mit einem Piepser versehen hätten, um uns über deine Wanderwege zu orientieren, hätten wir auch besser geschlafen«, sagte ich scharf.
»Mom, warum widersetzt du dich dem einundzwanzigsten Jahrhundert so? Du hast ja nicht mal einen Heimcomputer.«
»Ich brauche keinen Heimcomputer. Was soll ich denn damit?«
»Oh, vieles. Du könntest deine persönlichen Daten alle an ein und derselben Stelle aufheben. Trauschein, Versicherungspolice, Garantiescheine. Denk doch nur: du und Dad könntet binnen Sekunden eure Versicherungsnummer abrufen.«
»Die Aufregung würde uns womöglich umbringen«, sagte ich.
»Auch ein Kopiergerät könnten wir hier gut gebrauchen«, schaltete ihr Bruder sich ein, »um all eure Impfscheine, Atteste und Zahnarztrechnungen zu kopieren, ganz zu schweigen vom Vervielfältigen des Weihnachtsrundbriefs.«
»Ein Fotokopiergerät hätte ich so nötig wie einen Kropf«, sagte ich.
»Sie ist unbelehrbar.« Sie zuckten die Achseln.
Dann saß ich allein da und trödelte über meinem Kaffee.

Sie hatten mir gesagt, was ich nicht hören wollte. Ihr Vater und ich waren Opfer im Krieg der Automation. Warum waren wir dagegen? Vielleicht weil es eine Zeit gegeben hatte, in der der Tag nicht genug Stunden hatte, um mein Können in all meinen Berufen anzuwenden: als Chauffeuse, Köchin, Krankenschwester, Innenarchitektin, Finanzfachmann, Psychologin und *maître de plaisir*. Ich war unersetzlich. Alle klugen Zeitschriften bestätigten es mir.

Langsam aber sicher wurde ich durch Piepser, Schalter, Blinklichter, elektronische Geräte und monotone Computerstimmen ersetzt.

Zu Beginn lehrte ich meine Kinder, wie man die Schuhsenkel bindet, die Kleider zuknöpft, die Reißverschlüsse zuzieht. Dann kamen die Klettverschlüsse an Schuhen und Kleidern auf, wo früher Knöpfe und Reißverschlüsse waren. Ich brachte ihnen bei, wie man einen Notruf zu Oma tätigt, wenn man sie braucht. Jetzt drückt man auf den Kopf eines Speichertelefons und es wird für sie erledigt.

Früher klärte ich sie darüber auf, wie man mit einem Bratrohr umgeht, zeigte ihnen wie man so was an- und abstellte, ohne sich dabei zu verbrennen. Sie haben gar kein Bratrohr mehr. Sie haben Mikrowellenherde, bei denen man aufs Knöpfchen drückt und die sich kühl anfassen.

Einst zog ich sie auf meinen Schoß und gemeinsam fuhren wir mit dem Finger die Zeilen entlang, während ich ihnen die gedruckte Seite vorlas. Ich lese nicht mehr vor. Jetzt braucht man nur noch Kassetten in ihre Recorder einzulegen, auf denen lesen Fachkräfte.

Ich bin verdrängt durch schmerzlos abzureißende Pflaster, durch Schreibmaschinen, die ihre Rechtschreibfehler selbsttätig korrigieren, durch Garderoben mit Farbsystem und durch Computer, die sie loben, wenn sie die

richtige Antwort gegeben haben. Die Zukunft hat schon begonnen.

Die Kinder haben unrecht: Es ist nicht so, daß wir der Technologie keine Chance geben. Wir benutzen den Video-Kassettenrecorder, wenn es auch sechs Monate dauerte, ehe wir ihn zum ersten Mal anstellten.

Von Zeit zu Zeit blättert mein Mann im Leitfaden mit einer Hingabe, wie sie üblicherweise nur ein ängstlicher Fluggast beim Lesen der Sicherheitsanweisungen zeigt.

Eines Tages sagte er dann: »Da wir auswärts essen, werde ich die heutige Folge von Dallas auf Band aufnehmen, dann können wir es später sehen.«

Ich legte meine Hand auf die seine. »Du sollst wissen, für mich bist du, egal was geschieht, der tapferste Mann der Welt.«

Wenn ich zurückdenke, war eigentlich das der Anfang unseres Kampfes gegen die Zeit.

Der Tag hat 24 Stunden. Früher sah ich täglich 6 Stunden 44 Minuten fern. Dadurch blieben mir 17 Stunden 16 Minuten. Nach den dafür vorgesehenen 7 Stunden 5 Minuten Schlafenszeit und 2 Stunden 15 Minuten Essenszeit, ließ mir das 7 Stunden 15 Minuten für meine Arbeit.

Dann bekamen wir Kabelfernsehen, und bei den vielen Nachrichtensendungen, Film-Erstsendungen, Westernwiederholungen, Gottesdiensten, Unterhaltungs- und Sportsendungen fing das Fernsehen an, meinen Arbeitstag zu beschneiden. Dieses Problem sollten die Videokassetten lösen.

Wann aber sieht man sich Sendungen an, die man auf Band aufgenommen hat?

Ich verkürzte meine 2 Stunden 15 Minuten Essenszeit, indem ich vor dem Bildschirm aß. Natürlich begannen wir auch Kassetten zu kaufen, die in unseren Videorecorder paßten. Ich kaufte Aerobic-Kassetten von Jane Fonda, um meine Figur zu erhalten, doch um das zu tun,

mußte ich meine 7 Stunden 5 Minuten Schlafenszeit beschneiden.
An meinem Geburtstag lieh mir einer unserer Söhne zwei Filme als Geschenk. Ich war entsetzt. Sie mußten bis 10 Uhr vormittags am nächsten Tag zurückgegeben werden. Ich hatte bereits einen Stapel aufgezeichneter Filme, die anzusehen ich noch keine Zeit gefunden hatte. Ich legte also die Filme oben auf den Kassettenstapel, vertagte die Jane-Fonda-Ausarbeitung auf 4 Uhr früh und sah mir *Dirty Dancing* und *Passage to India* früh um 5 und um 7 Uhr an. Es war knapp, aber ich schaffte es. Andere Programmierungsfragen waren weniger leicht zu lösen. Als ich eines Abends vor dem Essen mit meiner Jane-Fonda-Kassette vor den Videorecorder trat, sah mein Mann darauf gerade Johnny Cash. Als ich ihn bat, den doch bitte im Schlafzimmer zu sehen, sagte er, das ginge nicht, dort nähme er gerade M. A. S. H. auf einem anderen Kanal auf, das eben nochmals gesendet würde.
Ich ging in die Küche, stellte einen weiteren Apparat an und sah mir *Glücksrad* an, und wir aßen erst um halb zehn Uhr mit *Magnum* zu Abend.
Die Wochen vergehen und der auf mir lastende Druck wird immer stärker. Der Videorecorder nimmt Tag und Nacht Sendungen auf, mein Mann rennt von einem Zimmer ins andere, drückt auf Knöpfe und schaut nach, ob wir nichts verpassen. Und dabei gibt es viele neue Kassetten über alles und jedes, von der Wasserleitungsreparatur bis zu Anleitungen zur Selbstverwirklichung, neue Filme, neue Videomusik ... Wir gerieten immer mehr ins Hintertreffen.
Schon fangen wir an zu pfuschen. Eine Sechzigminutensendung dauert bei uns nur noch dreißig, alle 20/20 nur noch 10/10 und bei jeder Sendung über den zweiten Weltkrieg betätigen wir die Schnellauftaste, weil wir den Ausgang ja kennen.

Und doch: Die Kassetten gewinnen. Wir wissen beide, daß es nur eine Frage der Zeit ist.
Unser Sohn kehrte in die Küche zurück. Er hatte seines Vaters Uhr in der Hand. »Ich glaube dir nicht, Dad. Du hast die Uhrzeit nach dem *Memory Recall Lap 4 total time* abgelesen. Komm, ich zeig dir mal, wie das geht. Du hast da einen multimodalen Chronographen mit einem Countdown-Timer und einer Abweichung von nur 1/10 Sekunde.«
Ich sah die beiden über die Uhr geneigt, deren Mechanismus mein Sohn geduldig erklärte.
Sind wirklich erst etwas mehr als zwanzig Jahre vergangen, seit die beiden über dem Küchentisch die Köpfe zusammensteckten, mein Mann die nagelneue Uhr für einen Sohn herausholte und ihm erklärte, woran man sieht, wieviel Uhr es ist? Sie hatten alle Teile »durchgenommen« und kamen auf die Grundbegriffe. Wenn der große Zeiger auf den Kühlschrank wies und der kleine auf den Herd, war es sechs Uhr und Zeit zum Essen. Wenn der große Zeiger auf den Mixer deutete und der kleine auf den tragbaren Fernseher, war es Zeit ins Bett zu gehen.
Kam das Kind in ein fremdes Haus, wo der Herd anders stand als bei uns in der Küche, sollte es zum nächsten Erwachsenen gehen und fragen: »Bitte, wie spät ist es?«
Mit geschickten Fingern drehte unser Sohn an Rädchen und zog winzige Schräubchen in der Uhr an. Mein Mann sah bewundernd zu. Der Sohn hatte es weit gebracht seit jenem Tag vor zwanzig Jahren am Küchentisch.
Minuten später brüllte »Mr. Technologie« aus der Waschküche:
»Mom, wie stellt man denn die Waschmaschine an?«
Vielleicht doch nicht so weit?

Haustier oder Ungeziefer

Wo genau habe ich als Mutter versagt?
Niemand kann mir vorwerfen, ich hätte meine Kinder nicht dazu angehalten, manierlich zu essen und sich zu pflegen. Aber sie haben zugegebenermaßen unter unserem Dach ein zu behütetes Leben geführt. Sie haben nie ein nacktes Huhn gesehen, waren nie bei der Geburt eines Auflaufs dabei, sind nie unerwartet ins Schlafzimmer gekommen und haben nie das Steigen eines Brotteigs miterlebt.

Je mehr ich mich bemühte, sie zu bilden, desto mehr betrachteten sie die Küche als »Erwachsenenanstalt«, zu der weder Kinder noch Tiere Zutritt haben. Ihre Besuche beschränkten sich darauf, Kühlschrank oder Gefriertruhe aufzureißen und zu verkünden: »Es ist nichts zum Essen da.«

Es ist nicht mehr zu zählen, wie oft ich versucht habe, sie in die Küche zu locken mit neckischem: »Seid ihr denn nicht neugierig, wie die Cornflakes in die Schüssel kommen?« oder »Los, stellt euch neben mich und dann werden wir gemeinsam bloß Wasser einrühren.«

Einmal ließ ich meinen Sohn zusehen, wie ich einen Salat à la Caesar mischte. Er betrachtete das Öl, den gehackten Knoblauch, den Zitronensaft, die Worcestersauce, den Parmesan und die rohen Eier, wie sie von mir mit der Gabel geschlagen – miteinander in der Schüssel kreiselten, sagte »brutal!« und ging weg.

Oder nehmen wir das Kind, das in der Waschküche jeden vorhandenen Knopf drückt. Habe ich nicht versucht, ihm meine jahrelangen Erfahrungen zu vermitteln? »Zu einer blütenreinen Wäsche«, erklärte ich ihm, »braucht man Geduld. Nur naßmachen genügt da nicht.« Einmal ließ ich ihn zwanzig Minuten lang an der Wonne teilnehmen, das Gesicht in einem Stapel sauberer Unterwäsche zu vergra-

ben. Man hätte meinen können, ich hätte ihn über das Anheizen eines Atomreaktors belehrt. Er sagte, er sei dagegen und wolle seinen Kindern nicht eine Welt voller Bleichmittel hinterlassen.
Kinder haben für ihren Lebensstil ganz andere Prioritäten. Einst war die erste Wohnung ihrer jungverheirateten Eltern eine Art Volksausgabe des Heimes, aus dem sie stammten. Die heutige Generation ist darin anders.
Keine Steckdosen im Bad? Ist ihnen egal.
Keine Heizröhren im Zimmer? Ist ihnen egal.
Haustür schließt nicht? Ist ihnen egal.
In der Nachbarwohnung lebt eine Kommune von Schlagzeugern? Ist ihnen egal.
Das Backrohr funktioniert nicht? Ist ihnen egal.
Wenn nur zwei genügend große Wände da sind, die das Gewicht ihrer Lautsprecher aushalten, mieten sie die Wohnung.
Ich weiß noch, wie wir zum ersten Mal unseren Sohn in seinem Heim besuchten.
Ich stand in der Tür und es dauerte Minuten, ehe ich erfaßte, daß ich meinen Mantel einer dressierten Küchenschabe überließ, die ihn an die Stange des Duschvorhangs hängte.
Meine Augen überflogen das Zimmer. Ein Sofa mit einem einzelnen Leintuch und einer Decke. Ein Kartentisch mit vier Klappstühlen. Zwei Näpfe für Müsli, drei Löffel, ein Telefon mit einem 15 Meter langen Kabel und eine Stereoanlage für 4 000 Dollar.
Ich öffnete den Kühlschrank. Auf dem obersten Fach stand ein halbvoller Becher mit Joghurt. Auf dem zweiten lag eine Filmrolle und eine verhutzelte Zitrone. Eine »Hundetüte« im Fleischfach wurde später als »Schweinefleisch süßsauer« identifiziert. Wie konnte es geschehen, daß ich drei Kinder aufgezogen habe, die nie etwas aufhoben außer einer Gabel?

Irgendwann zwischen dem Auskochen des Schnullers und der Anschaffung schwarzer Handtücher müssen sie mir entglitten sein. Ich weiß nicht wie oder warum, aber ich habe drei Kinder auf die Gesellschaft losgelassen, die des Glaubens sind, selbstreinigende Badezimmer seien bereits erfunden.

Was mich wirklich frustriert ist die Tatsache, daß das auf mich zurückfällt. Sie dürfen mir glauben, wenn ich Ihnen sage: So habe ich sie nicht erzogen. Ich benutze Spülmittel beim Geschirrwaschen. Ich ziehe kein Hemd den vierten Tag an, indem ich die Innenseite nach außen kehre. Ich hebe keine leeren Pappbecher unter dem Gaspedal auf. Ich schlafe nicht auf nacktem Kopfkissen ohne Bezüge und habe auch noch nie Milch aus der Packung getrunken. Vor jeder Mahlzeit habe ich immer gefragt: »Habt ihr euch Hände und Gesicht gewaschen?«

Daraufhin kam eine 50 Zentimeter lange Zunge aus ihrem Mund, ähnlich einer Straßenkehrmaschine und säuberte einen Pfad, der im Norden durch die Nase, im Osten und Westen durch die Wangen und im Süden durch das Kinn begrenzt war. Ein einfaches ›nein‹ hätte doch genügt!

Sie sehen vor sich eine Frau, die jahrelang einen totalen Krieg gegen die Schlafzimmer ihrer Kinder geführt hat. Ich mußte das: Babysitter verlangten zusätzliche Krankenversicherung, ehe sie bei uns anfingen. Ich konnte keine größere Einladung geben, ohne vorher die Zimmer meiner Kinder zu besichtigen.

Ein Psychologe, den ich sehr bewundere, hat gesagt, Eltern bauschten immer alles auf und reagierten übertrieben. Ich brauchte, meint er, nur eines zu tun: die Situation klar darzulegen und anschließend das Kind zu loben. Wenn beispielsweise ein Kind ein Buch auf dem Boden liegen ließe, brauchte ich nur zu sagen: »Da liegt ein Buch auf dem Fußboden.« Dann würde das Kind selbst zur Entscheidung kommen, was damit zu geschehen hatte. Somit sei es dann Sache des Kindes und nicht meine.

Um diese Theorie zu testen, legte ich ein Buch auf den Boden und sagte zum ersten hereinkommenden Kind: »Da liegt ein Buch auf dem Fußboden.« Es sagte: »Weiß ich. Ich bin bereits darüber gestolpert und hab mir fast das Genick gebrochen. Das gehört aufgehoben«, und verschwand. Der zweite Sohn kam herein und als ich ihm von dem Buch sprach, sagte er: »Du merkst heute aber auch alles.«

Ich hatte es dann bereits so satt, daß ich es beim dritten Kind gar nicht erst probierte.

Und doch: Eines Tages kam auch für diesen Sohn die Stunde. Ich inspizierte sein Schlafzimmer und wollte ihm Gelegenheit geben, seinen Pflichten nachzukommen. Als er mich bat, mit ihm ins Kino zu gehen, sagte ich: »Ich würde furchtbar gern mit dir ins Kino gehen, aber ich muß all die Arbeit tun, die du heute nicht getan hast.«

In seinem Gesicht zeigte sich echte Besorgnis.

»Wieviel mußt du denn noch tun?« wollte er wissen.

»Deine schmutzige Wäsche liegt überall auf dem Fußboden, das schmutzige Geschirr unter deinem Bett muß hinaus, das Bett gehört gemacht, der Abfall in den Eimer getragen, deine nassen Handtücher müssen in die Waschküche und der Boden muß gestaubsaugt werden.«

»Ach so, Mom«, sagte er. »Ich verstehe, worauf du hinauswillst. Warum stehst du nicht morgen etwas früher auf und machst es dann?«

Die Art, wie er heute lebt, hätte mich nicht so wundern sollen. Nach dem Essen sagte er: »Kümmere dich nicht ums Geschirr. Das kommt in die Spülmaschine.«

Ich sagte: »Aber du hast ja keine Spülmaschine.«

Er sagte: »Klar doch. Unter dem Herd.«

»Das ist das Bratrohr«, sagte ich.

Er zuckte die Achseln und sagte: »Kein Wunder, daß meine Gläser fleckig sind.«

Mein Mann konnte sich nicht länger zurückhalten: »Und was ist das für eine Küchenschabe?«

»Ach, du meinst Stewart? Den richte ich ab. Ich werde ihn nämlich zum Wettbewerb ›Die größte amerikanische Küchenschabe‹ anmelden.«

»Eine Schabe, die einem den Mantel aufhängt, habe ich wirklich noch nie gesehen«, mußte ich zugeben.

»Na ja«, sagte mein Mann. »Ich weiß nichts über dieses Tier. Wenn es nun mit dem Olympiateam herübergekommen ist und freien Zugang zu Anabolica hatte?«

»Vielleicht hat er sich auch zu Nacktaufnahmen für GEO hergegeben, als er jünger war und Geld brauchte«, gab ich zu bedenken.

»Andererseits«, sagte der Vater, »hätte er Reklamelaufen können für eine Doughnut-Firma.«

Unser Sohn sah uns an. »Wollt ihr mich auf den Arm nehmen? Für den Wettbewerb sind 1 000 Dollar ausgeschrieben!«

»Dann ist es was anderes«, sagte mein Mann. »Wenn du die bekommst, könntest du den Kammerjäger die ganze Wohnung aussprühen lassen und wärst wieder allein in deinem eigenen Heim.«

Auf dem Heimweg unterhielten wir uns darüber. Im Grunde hatten der Kakerlak und unser Sohn vieles gemeinsam. Sie kamen beide nachts hervor und aßen eine Menge kalter Fertiggerichte und wußten, wie man Leute aus dem Zimmer vergrault. Trotzdem schien ihre Beziehung irgendwie unnatürlich.

Ich habe, wenn ich zurückdenke, eine Menge über selbständig gewordene Kinder gelernt, seit das erste sich ablöste.

Man schaue nie bei ihnen herein ohne Glyzerintabletten, die man sich notfalls unter die Zunge legen kann. Man kann durchaus eine Beziehung zu ihnen aufrechterhalten, auch wenn man weiß, daß Hund und Kind einen gemeinsamen Teller benützen. Man braucht sich nur vier bis sechs Wochen vor einem Besuch anzumelden.

Man frage nicht nach dem afghanischen Wollteppich für 88 Dollar, den man ihnen aus Irland mitgebracht hat, denn man sieht ihn dann, nachdem sie ihn zu heiß gewaschen, geschleudert haben und jetzt als Gläseruntersatz benutzen.

Man widerstehe der Versuchung, ihre Wohnung so auf Vordermann zu bringen, daß das Gesundheitsamt keinen Einspruch mehr erhebt. Es schmerzt doch nur, wenn man ein paar Monate später wiederkommt und alles so vorfindet, wie es war, bevor man dort großreinemachte.

Ich kenne viele Eltern, die schon ganz entmutigt sind. Ein Gedanke hält mich allerdings aufrecht. Eines schönen Tages werden sie selber Kinder haben.

Wenn ich es mir recht überlege: Das ist die einzige Lösung.

Das hättest du doch zu Hause erledigen können!

Freitag, 20 Uhr 30.
Eben ging ich zum viertenmal in die Garage. Weil nämlich unser Sohn seine Schlange aus dem Wirtschaftsraum unter meine Motorhaube transferiert hatte. Diesmal trug ich drei Telefonbücher, um sie als Deckel über den Käfig zu legen.
»Was machst du da, Mom?« fragte ihr Besitzer. »Schmeißt du die Telefonbücher weg?«
»Die sind für die Schlange«, sagte ich.
»Du kannst dich auf mich verlassen, wenn ich dir sage, sie kennt keine Seele, die sie hier anrufen möchte.«

»Bitte keine Witze! Ich sorge nur dafür, daß sie nicht entwischt.«
»Ach du liebes Lieschen«, platzte er heraus. »Du hast schon einen Sack Zement, zwei Halbzentnergewichte der Tischlerpresse und eine alte Batterie oben auf dem Käfig. Wenn der zusammenbricht, bringst du sie um, und jedesmal, wenn du ein Paar schlangenlederne Schuhe anprobierst, wirst du denken müssen: War das die Freundin meines Sohnes?«
»Ich begreife nicht, wie du mir das antun kannst«, jammerte ich. »Du weißt, ich habe eine panische Angst vor Schlangen. Erinnerst du dich, wie wir damals in den Ferien am Straßenrand in Michigan gehalten haben. Ich war ein nervliches Wrack.«
Er setzte sich auf den Deckel der Mülltonne und zog die Beine unters Kinn.
»Manchmal hatten wir echt ätzende Erlebnisse in den Ferien, was? Damals im Sommer in Maine und auf der Cowboy-Ranch in Indiana? Es war bestimmt gut für dich und Dad, daß ihr mal rauskamt, aber für uns Kinder war es manchmal schlimm. Wir mußten auf den Rücksitzen hocken wie Statuen, hatten Angst zu atmen, reden konnten wir nicht. Bewegen konnten wir uns auch nicht. Nur fahren. Wir drei, wie die Sardinen zusammengepfercht, haben dich und Dad immer beneidet, wie ihr so lachtet und redetet und nichts anderes zu tun hattet, als zu fahren und die Straßenkarte zu lesen. Weißt du noch?«
Und ob ich es noch wußte. Vermutlich würde ich den Hitchhiker nie vergessen, der uns nach 30 Kilometern einen Scheck ausschrieb, wenn wir ihn nur wieder aus dem Wagen ließen. Gott, wie ich ihn beneidete. Diese Unternehmungen waren die reinsten Himmelsfahrtskommandos.
Viele Familien spielen im Wagen Spiele, damit die Zeit vergeht. »Zähl die Kühe« oder »Nummernschild-Bingo«.

Unsere Kinder spielten etwas, das hieß: »Ich sag's Mom.«
Es war ein 600 Kilometer langer Nonstop-Streit, der in unserer Einfahrt anfing und erst endete, wenn ich mit Selbstmord drohte. Auf Autobahnen voll landschaftlicher Schönheiten, in majestätischen Gebirgen und zwischen golden wogenden Kornfeldern stritten sie.
Sie stritten sich 130 Kilometer lang darüber, ob man einen Wagen mit Tempo 150 rückwärts fahren kann ohne steckenzubleiben.
Sie stritten darüber, wie die Arbeiter einer Gelddruckerei sich einer Überprüfung entziehen konnten, indem sie Hundertdollarnoten in den Mund nahmen und nicht lächelten, bis sie an der Kontrolle vorbei waren. Sie stritten darüber, ob man ein Yo-Yo auf dem Mond benutzen könne oder nicht, und ob über eine Impfnarbe Haare wachsen. Sie diskutierten ausführlich über die Frage, ob eine Nonne, der man erlaubte, Priester zu werden, mit »Vater« angeredet werden müsse.
Mindestens 55mal drohten sie einander mit: »Ich lang dir gleich eine.« 85mal mit »Paß auf, ich knuff dich.« »Ich sag's«, 149mal, und flüsterten unzählige Male: »Ich hau dir eine, wo's weh tut.« Das einzig Erfreuliche, woran ich mich erinnere, war das eine Mal, wo ich gegen die Tür sank. Sie war nicht ganz zu und ich wäre fast rausgefallen.
Ich kann nur staunen, daß sich jedes Jahr wieder ein kinderloser Schriftsteller über die Freuden des Reisens mit Kindern ausläßt.
In einem Artikel las ich die Anregung: »Kissen, Snacks, Kleider zum Umziehen und einige Lieblingsspielsachen der Kinder so im Wagen zu verstauen, daß sie leicht erreichbar sind.«
»Planen Sie ungefähr alle zwei Stunden eine Pause ein, während der Sie einen kurzen Spaziergang machen.«
»Wieder auf der Straße, sprechen Sie mit ihnen über alles, was Sie während jeden Halts gesehen haben.«

»Benutzen Sie Ihre Phantasie und erfinden Sie weitere Belustigungen. Spielen Sie Ratespiele oder singen Sie Lieder.«

Na, wenn das Sie nicht dazu bringt, sich sofort für die nächste Autoreise ein Kind zu mieten ... was dann?

Aber Sie sprechen mit keinem Laien. Ich reise seit zwanzig Jahren mit Kindern, ich war in drei Sanatorien und zwei Selbsthilfegruppen, habe fünfzehn Briefe an einen Gesundbeter geschrieben und um seine geistige Hilfe gebeten und war zwei Jahre in psychischer Behandlung, weil ich gestanden hatte, einen Zehnjährigen in einem Andenkenladen an der Autobahn zurückgelassen zu haben, – ich habe daher einige eigene Vorschläge zu machen.

Das mit dem Kissen ist eine großartige Idee. Der erste, der jault: »Er soll aufhören, mich so anzuglotzen«, kriegt es, und zwar ganz fest auf Mund und Nase.

Käufliche Spiele und Spielsachen können Sie vergessen. Kinder erfinden da gern selbst. Zusätzlich zum »Ich sag's Mom« gibt es noch das Spiel »Wer war's?«. Mit dem Kopf zum Fenster gewandt muß Mom erraten, was Robbie Schmerzensschreie entlockt. Ein schönes Spiel ist auch das bekannte »Fensterplatzroulette«, bei dem alle Körper auf den Rücksitzen durch die Luft wirbeln in dem Versuch, einen der beiden Fensterplätze zu ergattern. Bei dieser Nummer verlangsamen fremde Wagen oft das Tempo, um zuzuschauen.

Ich persönlich habe das Spiel »Erstarren« sehr gern, eine Variante des Sommerspiels »Figurenreißen«. Die Mutter langt nach hinten zu den Rücksitzen, gibt jedem Kind einen Klaps und es muß dann, ganz gleich welche Stellung es eben einnimmt, die nächsten 300 Kilometer so bleiben.

Wenn Sie ein Kind auffordern, seine Beobachtungen vom letzten Nothalt zum besten zu geben, seien Sie darauf

gefaßt, Ausdrücke zu hören, die von den Wänden der Toilette stammen und die Ihren Kühler zum Kochen bringen.
Ich habe, offengestanden, ein paar Einwände gegen das wochenlange Zusammenpferchen einer Familie in einen Wagen auf der Suche nach dem Glück.
Auch wenn man es mir schon tausendmal erklärt hat, verstehe ich noch immer nicht, warum sich Männer verpflichtet fühlen, Urlaubsreisen um vier Uhr früh zu beginnen.
Ich meine, was nützen die atembeklemmenden Farben der Rocky Mountains, wenn es dunkel ist? Und wie kann man den erregenden Puls der Großstadt spüren, wenn der einzige Mensch auf der Straße ein halb bewußtloser Trunkenbold ist?
Wozu ist ein Urlaub gut, wenn man nicht mal während des Mittagessens wach bleiben kann?
Wir waren diejenige Familie, die »als erstes die Heimat kennenlernte«, und zwar im Scheinwerferlicht. Jeden Morgen ging mitten in der Nacht der Wecker zur Abfahrt. Ich tastete mich durch die Dunkelheit, fädelte Arme und Beine in die Kleider. Es war, als fädle man nasse Spaghetti in eine Nadel. Da die Kinder schlicht weiterschliefen, führte ich sie zum Wagen und schichtete sie auf die Rücksitze.
Nie wachten sie mit der Frage auf: »Wo sind wir?«, immer mit »Wie spät ist es denn?«
Nie konnten sie die gleichen Spiele spielen wie andere Kinder: »Wie viele VWs sind unterwegs?« Oder: »Bilde Wörter aus den Buchstaben auf den Autokennzeichen.«
Es waren keine anderen Wagen auf der Straße.
Wir saßen da wie die Ölgötzen, hörten im Radio die Marktnotierungen für Schweine und Getreide und versuchten uns darüber klarzuwerden, für welche Mahlzeit wir uns mit einem Schokoriegel den Appetit verderben würden.

Einmal hielten wir am Straßenrand, um mal zu verschwinden, und ich hakte mich mit dem Pullover über der Kühlerfigur fest, um nicht umzusinken.
Etwa gleichzeitig hielt ein Kombi mit einer anderen Familie. Sie sah erschreckend aus. Die Kinder wankten einher, ihre Decken schleiften am Boden, ihre Haare waren ungekämmt, ihre Augen geschwollen und glasig. Die Frau sagte anfangs gar nichts. Unsere Augen trafen sich zu dem seltenen Moment vollkommenen Einverständnisses. Es bedurfte keiner Worte. Schließlich raunte ich: »Mut, Schwester!«
Ich denke oft an sie.
Ich hätte gern gewußt, ob sie vielleicht einen jener Männer geheiratet hat, die nach der richtigen Richtung zu fragen für angeborene Schwäche halten. Ich wollte, ich hätte einen Groschen für jede Straßenkreuzung in Kleeblattform, auf der wir acht Tage lang im Kreise kurvten.
»Liebling«, schlug ich manchmal vor, »warum fragst du nicht jemanden nach dem Weg?«
»Weil ich mich nicht verfahren habe«, sagte er dann. »Das ist der Unterschied zwischen Männern und Frauen. Frauen rechnen sich nicht gern etwas aus. Kaum sehen sie eine Kuh in einer Wiese, bekommen sie es mit der Angst und fangen an nach dem Weg zu fragen.«
Es war nur die erste von so manchen Fahrten, bei denen wir ziellos durch die Lande schweiften, verirrt, verwirrt und zu stolz um zu fragen.
Wir haben jede Sackgasse in ganz Amerika erforscht, wir haben Wege gebahnt, wo bis dahin nur Planwagen gefahren waren und haben Entbindungsstationen für blutsaugende Moskitos entdeckt.
Ich hätte gern gewußt, ob auch diese Frau einen Mann geheiratet hatte, dessen Nieren die Größe von Basketbällen hatten und der nie wegen Blasendrucks halten mußte. Wann auch immer ich dieses Thema zur Sprache brachte,

bekam ich zu hören: »Dir ist es bloß langweilig. Du brauchst eine Beschäftigung. Versuch doch rauszukriegen, wo wir sind.«
Ehrlich gesagt, habe ich das Kartenlesen im Jahre 1979 aufgegeben, als mein Mann mir vorwarf, ich hätte den Fluß Mississippi um zwei Staaten verschoben.
Es war nicht das erste Mal, daß er mich anschrie, ich hätte die Geographie verändert. Einmal stritten wir, ob ein auffallender Torbogen der Eingang zu McDonalds oder das Tor nach St. Louis war. Ein anderes Mal hatten wir eine häßliche Szene, als ich meinen Kaugummi in eine Karte ›Die großen Seen‹ einwickelte und wir nicht zur kanadischen Grenze fanden.
Straßenkarten lesen ist wie Vizepräsident sein. Man trägt einen dunklen Anzug und hält den Mund. Das einzige, wobei man zugezogen wird, ist während der Fahrer sich mit 75 Stundenkilometern einer Kreuzung nähert und ausruft: »Okay, du wolltest ja unbedingt ans Steuer, also wohin jetzt?«
Komisch, aber die Anatomie unseres gemeinsamen Lebens läßt sich in der Erfahrung mit Straßenkarten zusammenfassen.
Im ersten Ehejahr sagte ich zu meinem Mann, mir würde schlecht, wenn ich in einem fahrenden Wagen zu lesen versuchte und er lachte und sagte: »Meine Süße, du sollst gar nichts anderes tun, als nur dasitzen und mit mir reden. Das Fahren überlaß mir.«
Ein paar Jahre später, als schon drei eigene Kinder sich um zwei Fensterplätze stritten, begann er mir Aufgaben zu übertragen. Eine bestand darin, »die Gören daran zu hindern, sich gegenseitig umzubringen«.
Und noch ein paar Jahre später setzte er hinzu: »Amüsier sie oder gib ihnen Beruhigungsmittel.«
Eines Tages sagte er dann: »Fang schon mal an nachzusehen, wo wir abbiegen müssen.« Und als ich sagte, ich

wüßte nicht, welche Abzweigung er meinte, sagte er: »Such im Handschuhkasten nach der Karte. Es ist eingezeichnet.«

»Du weißt doch, daß mir schlecht wird, wenn ich im fahrenden Wagen lesen muß«, sagte ich.

Die folgenden zehn Jahre sollte ich kein Gebäude mehr sehen, keine schöne Landschaft, keine Kathedrale, keine Sonnenuntergänge und keinen weiten Himmel. Ich saß stundenlang zusammengekrümmt über einem wandgroßen Plan voller wabbeliger Linien, kleiner Kreise, unlesbar winziger Zahlen und unvorstellbar großer Entfernungen.

Ich sollte entdecken, daß Straßenkarten einen dazu bringen, Dinge zu sagen, die man gar nicht so meint.

»Wir haben Fort Lauderdale verpaßt. Von einer Frau, deren Mutter Truppentransportern entgegenschwimmt, hätte ich mir Besseres erwartet.«

»Klar fahre ich auf der Überholspur ... Nur wenn du morgens nicht so lange an der Matratze horchst und mir Frühstück machst, dann fahre ich nicht auf der Überholspur.«

»Also wohin jetzt, Erma! Links oder Rechts? Paß auf, ich gebe dir eine Hilfe: Mit der linken Hand streichelst du den Hund. Du trocknest deinen Nagellack, wenn du die Rechte aus dem Wagenfenster streckst.«

Es sind jetzt zehn Jahre, daß ich ihn gebeten habe, sich seine Straßenkarten an den Hut zu stecken. Zehn Jahre schweigendes Beifahren. Das heißt jedoch nicht, daß auf den Rücksitzen Frieden herrscht. Kinder fahren nicht in die Ferien, um sich zu amüsieren. Wenn die Eltern wirklich wollten, daß sie sich amüsieren, würden sie sie zu Hause lassen. So rebelliert denn jedes auf seine bzw. ihre Art.

Keine Familie, die etwas auf sich hält, würde ohne den sogenannten »Lehnentreter« auf Fahrt gehen. Der Leh-

nentreter ist der Vorläufer des automatischen Beins. Er setzt sich unmittelbar hinter Daddys Fahrersitz und gibt 600 Kilometer lang pro Minute gezählte 200 Stöße ab. Das Fahrgeräusch macht ihn schwerhörig. Auf keinen Fall zurücklassen darf man auch das Kind, das wir als Panikmacher bezeichnen. Auf der Autobahn beugt es sich nach vorn, wo Daddy voller Vorfreude auf die streßlose Woche lächelt, und sagt: »Hast du eigentlich den Gartenschlauch absichtlich angelassen, Daddy?«
Daddy wird auf dieser Reise nie wieder lächeln.
Das Kind hört auch das sonderbare Klopfen im Motor, das gleiche Klopfen, das sein Freund hörte, ehe das Getriebe aus dem Wagen flog. Es hört auch in den Nachrichten Tornado-Warnungen für die Gegend, in die gefahren wird. Es bemerkt, daß die Preise für Benzin immer mehr steigen, je weiter man kommt, und sein Asthma wird anscheinend auch schlimmer und in dem gemieteten Blockhaus wird es vermutlich keine Luft kriegen.
Hin und wieder wendet es sich an seinen Bruder und fragt: »Hast du Mom das mit der Katze erzählt, die du unterm Bett versteckt hast?« oder an seine Schwester: »Wer für nächsten Herbst einen Studienplatz kriegt, ist längst benachrichtigt.«
Es hört Polizeisirenen, ehe ein anderer im Wagen sie hört und riecht schmorenden Gummi. Es tröstet seine Mutter, daß der Hund von den Ryans eine Hysterektomie gehabt hat und danach auch so dick geworden ist.
Und gerade wenn man meint, daß der Panikmacher seine Hiobsbotschaften verteilt hat, die eine Familie im Urlaub aushalten kann, sagt es: »Ich wollte ja nicht darüber reden, aber als Daddy den Hausschlüssel unter dem Blumentopf neben der Tür deponierte, habe ich einen Mann gesehen, der ihn von der anderen Straßenseite aus einem geparkten Wagen beobachtet hat.« Und dann kommt der

fröhliche Nachsatz: »Macht euch aber keine Sorgen. Ich hatte Kontakt mit Masernkindern und wenn alles pünktlich eintrifft, zeigt sich der Ausschlag heute abend und wir sind morgen wieder daheim.«
Dies alles führt zu der Überlegung, warum man den Kamin saubergemacht, unter dem Kühlschrank staubgesaugt, die eine Kachel im Bad wieder angeklebt, die Kissen aufgeschüttelt, der ganzen Familie neue Unterwäsche gekauft und drei braungewordene Bananen selber gegessen hat, ehe der Haus-Sitter kam. Vielleicht um die Erinnerungen der Kinder um etwas »Interessantes« zu bereichern?

Die Iden des Mai

Freitag, 21 Uhr
Wir haben es im Lauf der Jahre einfach unter »Schrankerlebnis« eingereiht.
Die Kinder sind nie richtig »zu Hause« gewesen, wenn sie nicht in ihren alten Sportpreisen und -bändern gewühlt haben, in ihren Gummischlangen, augenlosen Puppen, Hutquasten von der Examensfeier, ihren Wimpeln, Zeugnissen, sandgefüllten Fotoapparaten, Basketbällen, Drachen, eselsohrigen alten Briefen, Collegejahrbüchern und Nummernschildern.
Damit geht eine weitere Legende über Bord. Man hatte uns Eltern glauben machen wollen, man verlöre keine Tochter, keinen Sohn an eine neue Wohnung ..., man gewönne einen Schrank hinzu. Als unsere Kinder kleiner waren, schlichen mein Mann und ich uns manchmal in das Zimmer, in dem sie schliefen, schauten in ihre Schränke und ich drückte seine Hand und flüsterte lächelnd: »Denk doch nur, Liebling, eines Tages wird das alles dir gehören.« Wir malten uns eine Zeit aus, in der

wir eine eigene Stange für unsere Garderobe haben würden ... ein Fach, das nicht mit einer Weihnachtsdekoration beklebt war ... einen Fußboden ohne Schachteln, auf denen stand: *Verregnete Faschingsmasken und ausgelatschte Turnschuhe.*
Doch dieser Tag kam nie. Ihre Wohnungen sind zu klein, um ihre Schätze aufzunehmen, daher lagern sie sie zu Hause und besuchen sie in einigermaßen regelmäßigen Abständen.
»Was kramst du da, wonach suchst du denn?« fragte ich und watete durch ein Zimmer voller Schachteln und alter Tennisrackets ohne Bespannung.
»Mein Gott, Mom, du wirst doch nicht meine Filmbilder weggeworfen haben? Die sind jetzt ein Vermögen wert. Hast du eine Ahnung, was man für eine Autogrammkarte von Elvis Presley kriegt?«
Sein Bruder mischte sich ein. »Sie hat ja auch eine Schachtel Alben weggeschmissen, Klassiker, nach denen Sotheby sich alle Finger geleckt hätte.«
»Das kannst du doch nicht wissen«, sagte ich.
»Mom, die Texte waren echt Spitze!«
»Ich weiß nur eines: Ich habe es satt, den ganzen Salat aufheben zu müssen. Ich komme mir schon vor wie die Miss Havisham in Dickens' *Great Expectations,* die zusieht, wie die Mäuse ihren Hochzeitskuchen fressen.«
»Aber Mom, es ist unser Leben! Dies Zeug beweist, daß es uns gegeben hat.«
»Euer Vater und ich leben vom Existenzminimum. Welche weiteren Beweise braucht es da, daß es euch gegeben hat. Warum werft ihr beiden heute nicht mal ein bißchen was von dem Kram weg? Macht hier neben der Tür einen kleinen Stapel, ich schaff ihn dann schon weiter, Ehrenwort.«
Ein paar Stunden später kam ich ins Zimmer, um die Lichter auszuknipsen. Neben der Tür lag ein rührend

kleines Häufchen. Obenauf der Mantel von der Examensfeier, königsblau, und die flache Akademikermütze mit der Quaste. Unser erster Schulabgänger. Was für ein Jahr war das gewesen! Ganz gleich, wie sehr wir uns einschränkten, niemand hatte uns auf diese Iden des Mai vorbereitet. Niemand uns gesagt, daß im Mai ein Kind schon morgen mit ausgestreckter Hand aufwacht und jeden Satz mit »ich brauche...« beginnt.

Die Lehrmittelfreiheit, an die man noch im September geglaubt hat, existiert überhaupt nicht.

»Ich brauche 12 Dollar für ein Buch, das ich verschlampt habe.«

»Ich brauche 6 Dollar für eine Karte zum Baseball-Entscheidungsspiel.«

»Ich brauche 3 Dollar für ein Geschenk für Miß Weems, die in Pension geht.«

»Ich brauche dein Benzingeld und deinen Wagen, weil ich zu einer Party fahren muß.«

»Ich brauche 40 Dollar, um ein Pult abziehen zu lassen, in das jemand, der mir ähnlich sieht, seinen Namen geschnitzt hat.« Ein Kind, das sich zwölf Jahre lang angezogen hat wie ein Penner, hat plötzlich gesellschaftliche Verpflichtungen und braucht Garderobe.

»Ich brauche Schuhe mit hohen Absätzen für das Fest der Oberklassen.«

»Ich brauche Make-up fürs Klassenfoto, auch wenn ich nur in der letzten Reihe stehe.«

»Ich brauche ein Kleid für die Zeugnisfeier.«

Eltern, die in den letzten Tagen des Mai einen Teenager zu erhalten haben, sollten staatliche Subventionen beantragen können. Ehe man sein Scherflein zu einer solchen Feier beisteuert, versichere man sich, daß er oder sie auch hingehen.

»Ich brauche einen eigenen Wagen, um jedem zu zeigen, daß meine Eltern mich liebhaben.«

»Ich brauche einen Anzug zu 200 Dollar, um ihn unterm Talar anzuziehen.«
»Ich brauche 100 Dollar, um vor dem Collegeball essen zu gehen.«
»Ich brauche die Leihgebühr für einen Smoking.«
»Ich brauche Geld für Blumen.«

Ich brauche Geld für die Absolventenfotos.
Diese Fotos werden im April geliefert. Im Juni wurden Hut und Promotionstalar in einen Schrank gestopft, das Diplom hinten ins Babyalbum gesteckt. Der Film von der Feier ist noch immer in der Kamera und dort bleibt er, bis der Examinand sein erstes Kind hat. Die gedruckten Danksagungen sind verlorengegangen. Das einzige, was noch an den glorreichen Tag erinnert, an dem Sie so stolz auf Ihr Kind waren, sind 192 Freundschaftsbilder. Als Ihr Kind im Februar 200 Abzüge bestellte, hätte es doch wirklich sagen können, daß es nur acht Freunde hat. Doch dieses Wort fiel nicht. Woher also hätten Sie wissen sollen, daß er so ein Blindgänger ist?
Wohin aber mit 192 Freundschaftsfotos? Hat einer ein nur schwach ausgeprägtes ethisches Gewissen, kommt er auf allerlei Ideen. Ich begann sie jedem zu schicken, der je mit mir gesprochen oder doch so ausgesehen hatte, als wolle er mit mir sprechen. Ich schickte sie nach dem Telefonbuch an Unbekannte, die den gleichen Familiennamen hatten. Ich schickte sie an Leute, deren Rechnungen ich bezahlte, zusammen mit meinem Scheck, etwa an die Telefongesellschaft und die Gaswerke. Eine Zeitlang benutzte ich sie auch als Trinkgeld. (»Und denken Sie daran, junger Mann, wo das herkommt, gibt's noch mehr.«) Ich klebte sie hinten auf meine Briefkuverts und schrieb mit Tinte darunter ERHALTET DIE TIERWELT. Ich befestigte sie an der Rückseite von Toilettentüren mit unserer Telefonnummer darunter.

Schließlich wurden einige mit Plastik überzogen und bildeten ein Flaschentablett und aus einer ganzen Anzahl wurde ein Rahmen um den Badezimmerspiegel.

Eines Tages nahm ich ein solches Foto aus der Brieftasche und wickelte meinen Kaugummi hinein. Die Dame, die mit mir zu Mittag aß, war tief schockiert, sie konnte ja nicht wissen, daß ich noch weitere 78 daheim hatte.

Ich brauche Geld für einen Klassenring.
Alljährlich werden Millionen von Klassenringen von Millionen von Highschool-Absolventen bestellt. Doch man sieht sie nie. Was geschieht mit ihnen?

Klassenringe werden schon verloren, ehe der Scheck dafür die Bank erreicht hat. Sie sind das, was man in der ersten Woche, in der man sie besitzt, vor dem Händewaschen jedesmal auszieht. Danach tauchen sie nie wieder auf.

Klassenringe sind das, was ein so sonderbares Geräusch in der Waschmaschine macht und das, für dessen Entfernung aus dem Pulsator eben dieser Waschmaschine man so hohe Reparaturen gezahlt hat. Sie sind das, was man im Bett trägt und dann schwillt die Hand an und jeder gibt einem gute Ratschläge, wie man ihn wieder abkriegt und wenn man beide Hände voll Seifenschaum hat, fallen sie in den Abfluß.

Klassenringe (von Jungen) baumeln im Ausschnitt von Mädchen, ein Versprechen, daß man den Rest des Lebens gemeinsam verbringen wird – vorausgesetzt, man geht auf dasselbe College.

Klassenringe (von Mädchen) baumeln vom ersten Kleinfingerglied bei Jungen, die geschworen haben, sie immer zu tragen. Später findet man sie in ihrem Turnbeutel.

Klassenringe sind das, was plötzlich im Besteckschubfach oder im Nähkorb auftaucht, in einer Ecke der Badewanne liegt und an die Schnur der Jalousie geknüpft ist.

Manchmal verfärben Klassenringe sich ins Grünliche.

Ich brauche Geld für die Examensfeier.
Im Film ist das immer eine großartige Szene: Der Junge, der ein Mädchen zur Examensfeier abholt, hat eine Schachtel mit einer Ansteckblume in der Hand, steht am Fuß der Treppe und unterhält sich verlegen und beklommen mit den Eltern des Mädchens.
Dann erscheint *sie*. Die Kleine von einst ist Rattenschwänzchen und Jeans entwachsen, hat sich zur Frau im langen, fließenden Abendkleid gemausert. Üblicherweise hat sie einen Busen von unglaublichen Ausmaßen entwickelt und keine Zahnspange mehr.
Alles verstummt, während ein Orchester von achtundsechzig Mann aus dem Ungefähr auftaucht und sie ihren schwungvollen Auftritt hat.
Es ist eine großartige Szene, falls man Mutter einer Tochter ist. Doch kein Film zeigt je die Szene, in welcher ein Sohn am Abend vor dem Ball aus dem Badezimmer kommt, in weißem Smoking, einem Seidenbinder, einem Eckenkragen, Zylinder, Handschuhen, Lackschuhen, einem Spazierstock, mit einem Wort so, als wäre er eben von der Dekoration einer Hochzeitstorte heruntergefallen.
Bei einem Sohn erklingen keine Geigen. Der zauberhafte Augenblick, in dem Augen sich treffen und die der Eltern sich feucht verschleiern, fehlt. Ebenso der Augenblick, in dem man die Arme um ihn legt und ihn für erwachsen erklärt. Der Junge läuft herum, als hätte er gestärkte Unterhosen an.
Er versucht, ganz cool zu bleiben in dieser Verkleidung, aber man kennt ihn genügend, um seine Besorgnis deutlich zu sehen. Wird das Toilettenpapier das Blut stillen, das seit dem Rasieren in seinem Gesicht fließt?
Wird er feuchte Hände haben, wenn er tanzt?
War der Fleck schon auf dem Jackett, ehe er es nach Hause brachte?

Wird die Ansteckblume nach dem Knoblauch in der Spaghettisauce riechen, die im Kühlschrank neben ihr gestanden hat?
Hat er genügend Geld für das Restaurant?
Was ist, wenn er im Restaurant einen Scheck ausstellen muß?
Ob die einen Scheck von jemand nehmen, der noch kein Girokonto sein eigen nennt?
Wird er später den Idioten umbringen, der ihm einen weißseidenen Smoking ohne Taschen aufgeschwatzt hat?
Einen Sohn fotografiert man nicht, das ist eine Sentimentalität. Außerdem ist er schon spät dran. Man wird sich also alles so merken müssen. Den gestubsten Kuß auf die Wange. Das Zuknallen der Tür.
Man läuft ans Fenster und sieht ihn in den Mietwagen steigen, eine Limousine, die vor dem Haus parkt – und auch vor den Nachbarhäusern rechts und links! Sie kostet mehr Miete als eine Woche in einem Ferienhaus am See, aber er hat mit Selbstmord gedroht, wenn er in einem Kombi mit dem Aufkleber ›Hast du heute deine Kinder schon umarmt?‹ in der Öffentlichkeit aufkreuzen muß.
Man hat ihm das Ding also mieten müssen, und er wußte doch nicht einmal, wie man ›Limousine‹ orthographisch richtig schreibt.
Das zauberhafte Glücksgefühl über den Jungen, der zum Mann wurde, dauert genauso lange, bis man ins Badezimmer kommt. Dichter Dampf wallt über fünfzehn aufgerissenen Packungen Leukoplast, acht nassen Handtüchern, einem Waschbecken voller Schaum und drei Rasierklingen. Shampoo und Seife sickern in den Ausguß, eine Plastikverpackung, Cleenex Tücher und eine Rechnung über 56 Dollar 75 sind auf den Duschkopf gespießt.
Das Kind läßt sich nichts abgehen!

Ich brauche Geld für einen Hut und einen Talar zur Abschlußfeier.
Wenn Sie so naiv sind zu glauben, alle Männer und Frauen seien mit den gleichen Rechten geboren, gehen Sie mal zu einer Schulabschlußfeier und sehen Sie sich die ganz gleich gekleideten Absolventen an!
Für eine Zeremonie, die universal ist und dem Prinzip der Übereinstimmung geweiht sein sollte, ist das eine Pleite. Selbst im akademisch-geistigen Bereich gibt es keine Demokratie. Wenn Sie klein von Wuchs sind, wenn Sie breite Schultern haben oder einen Kopf, der nicht flach ist, gehen Sie gar nicht erst hin! Die Anfangsübungen sind dann nicht das Richtige für Sie.
Die Talare haben alle eine Größe! Welche Größe? Für wen? Das weiß keiner. Ja, die Ärmel sind weit geschnitten. (Ich kenne auch nur ein Mädchen, bei dem sie verlängert werden mußten.) Die Talare knüllen bereits, wenn ein Lichtstrahl sie trifft und bewahren die Hitze wie ein Silo. Die Ärmel sind überdies so konstruiert, daß sie den Kragen herunterziehen, so daß sie etwa in der Mitte der Zeremonie den Hals würgen und man nicht mehr Luft holen kann.
Diese Talare sind ursprünglich für Menschen gemacht, die sehr lang sind und nicht mehr wiegen als 80 Pfund. Ist man klein, muß man entweder die Schultern hochziehen oder während der ganzen Feier die Arme über der Brust kreuzen.
Weil wir gerade von Brust reden: Früher habe ich mich gewundert, warum die Vorderfront dieser traditionellen Gewänder in Falten gelegt ist. Jetzt weiß ich es. Es ist ein Racheakt. Es ist an der Zeit, all die üppigen Mädchen zu strafen, die sonnabends zu drei verschiedenen Verabredungen aufgefordert wurden und bei denen die Professoren vergaßen, daß sie verheiratet waren und kleine Kinder hatten. Falten auf einem gut ausgestatteten Mädchen

wirken, als würde sie gleich rückwärts in Ohnmacht fallen.

Über die Mützen der akademischen Tracht, die sogenannten Mörtelbretter habe ich viel nachgedacht. Ich möchte dem Mann nicht begegnen, der sie erfunden hat. Ich habe nie welche auf jemand gesehen, der aussah, als sei er geistig zu irgendeinem Schulabschluß fähig. Wie man die Köpfe der männ- und weiblichen Gelehrten da hineinbekommt, bleibt mir ein Rätsel.

Ich habe Frauen gesehen, die Haarnadeln und Clips hineinbohrten, die ihnen aber dann davonsausten. Einige Männer versuchten, sie mehr seitlich oder auf dem Hinterkopf zu tragen und das Haar hineinzuquetschen.

Millionen von Menschen im ganzen Land besuchen alljährlich diese Abschlußfeier, um denen, die es bis zur Schwelle der akademischen Laufbahn gebracht haben, Tribut zu zollen. Denn unter dem gemieteten Hut und Talar steckt ein Kind in Shorts und einem unzüchtigen T-Shirt, das darum kämpft, das Zeug loszuwerden.

Die Iden des Mai waren eine nicht zu überschätzende Macht. Und gerade, als wir dachten, nun könnten wir wieder ruhigen Gewissens Schecks auf unser strapaziertes Konto ausstellen, da drohte unsere Tochter: »Ich geh auf ein College und werde Ärztin.«

Meine Tochter traf mich mit gesenktem Kopf bei dem Häufchen Wegwerfartikel an.

»Was machst du da mit meinem Talar?«

»Die Jungen haben ihre Schränke ausgemistet.«

»Diese Flaschen!« sagte sie, »sollen sie doch ihr eigenes Zeug wegwerfen. Der Talar da erinnert mich an viel Liebes und Schönes.«

Meine Gedanken überschlugen sich. Sie anerkannte also doch die vielen Opfer, die viele Liebe, die dazu gehört hatten, sie schöne Augenblicke in der Highschool erleben zu lassen.

»Den Talar habe ich zu einem Faschingsball getragen, ich ging als schwangere Nonne mit einem Schild um den Hals: ›Der Teufel hat es mir eingegeben‹, weißt du noch?«
An Sentimentalität soll man sterben können...

Du errätst nie, wer ich bin...

Halloween.
Sie war damals vier. Wenn sie am Eßtisch saß, baumelten ihre Beinchen, als seien sie hohl, gut 30 Zentimeter über dem Boden.
Sie jagte eine Kirschtomate mit dem Löffel auf ihrem Teller herum und blickte zwischendurch ängstlich aus dem Fenster. »Es wird dunkel. Fahren wir jetzt bald?«
Ihr Kostüm war seit einer Woche fertig. Sie konnte keine Minute länger warten, es anzuziehen.
Zuerst kam die Polsterung: große Kissen, gehalten von den Gürteln sämtlicher Familienmitglieder. Dann hohe Stiefel, um ihre Füße zu verstecken. Dann die ausgebeulten Hosen, gehalten von Hosenträgern und einem durch die Gürtellaschen gezogenen Strick.
Kohle auf den Pausbäckchen und eine Knollennase paßten gar nicht in das kleine Gesicht. Eine große Brille, ein riesiger schwarzer Schnauzbart und eine scheußliche rote Perücke vervollständigten das Kostüm.
Die Fahrt war lang und ihr vertraut, sie saß schweigend auf ihrem Sitz. Als wir um die Ecke bogen, blendete ich ab und glitt leise in die Einfahrt, damit man den Wagen nicht sah.
»Kannst du atmen?« flüsterte ich.
»Ja«, flüsterte sie zurück.
Ich drückte auf den Klingelknopf und sprang in dem Moment hinter das Gebüsch, als die Außenbeleuchtung

anging. Die Tür öffnete sich und eine dröhnende Stimme rief: »Ei, wen haben wir denn da? Es ist ein Bettler, Mutter. Kennen wir irgendwelche Bettler?«
Und hinter der scheußlichen Perücke, dem Schlapphut und dem Schnauzbart tönte ein Stimmchen: »Das rätst du nie, wer ich bin, Opa.«
Von allen Feiertagen auf dem Kalender eines Kindes scheint Halloween der schönste zu sein. Er hat mehr Zauber als Weihnachten, mehr Verheißungsvolles als das Neue Jahr, größeres Gepränge als der 4. Juli und macht mehr Spaß als ein Geburtstag. An sich soll Halloween das Vorspiel zu den religiösen Feiern des Allerheiligentages sein, aber es wird mir keiner einreden, daß er nicht von einer Gruppe Mütter erfunden wurde, die künstlerisch besonders begabt waren und die Gelegenheit ergriffen, um uns Übrige öffentlich zu beschämen.
In dieser Beziehung hatte ich mir von Anfang an eine schlechte Nachbarschaft ausgesucht. Der Makler versuchte, mich dafür zu erwärmen. Er sagte: »Sehen Sie dort drüben den Briefkasten, den mit den handgemalten Blumen und Schmetterlingen darauf? Das hat Mrs. Walters gemacht – freihändig...«
Ich glaubte, ich würde es mit Frauen aufnehmen können, die ihre Hecken in Form von Tieren schnitten, die Kleidchen ihrer Töchter eigenhändig mit Smok verzierten und Halsketten aus alten Kartoffelschalen machten. Aber was mich schaffte, war Halloween. Der einzige Tag, an dem alle Kinder an die Phantasie und kreative Begabung ihrer Mutter appellieren.
Daß es mir schlimm ergehen würde, erkannte ich sofort, als ich einen handgeschnitzten Kürbis im Haus gegenüber sah – mit Jacketkronen auf den Zähnen.
Meine Nachbarin zur Rechten hatte seit Juli Pailletten auf das Feenkleid ihrer Tochter genäht. Die zur Linken verkleidete ihren Sohn als Drachen mit einem Rauchab-

zug in der Maske und einem Beutel Trockeneis um den Hals.

Es würde wieder ein Jahr werden, in dem meine Kinder unter einer hellen Verandaleuchte stehen würden, eine braune Tüte über dem Kopf und jemand würde fragen: »Als was gehen die, Margaret? Hab ich was übersehen?«

Meine Nachbarin würde nie einem ihrer Kinder einen Hut auf den Kopf setzen und ihm sagen, es ginge als sein Opa. Nie würde sie ihm einen Stapel Zeitschriften unter den Arm klemmen und es als Zeitungsverkäufer losschicken. Nie würde sie das Gesicht ihrer Tochter mit Lippenstiftpünktchen bemalen und sie als Masernkind losschicken. (Das war wahrscheinlich die dümmste Idee, die ich je hatte!) Nie würde sie ihren Sohn mit grünlicher Farbe besprühen und ihm sagen, er ginge als »Rest aus dem Speiseschrank«.

Im Laufe der Jahre wurde das Erfinden eines Kostüms immer schwerer. Alle zogen sich so phantastisch und individuell an, daß es richtig schwer zu erkennen war, als was jemand ging.

Mein Mann lebt darin allerdings noch ganz in der Vergangenheit, in der als jeder der an Halloween in etwas anderem als einem dreiteiligen Anzug oder einem traditionellen Kleid an die Tür kam, als »kostümiert« galt.

Voriges Halloween klingelte es und ich hörte ihn ausrufen: »Ei, wen haben wir denn da? Silberne Schuhe, ein Fransentuch, ein Kamm im Haar. Ich hab's! Eine spanische Tänzerin. Komm mal her, Erma und hilf mir raten, wer es ist.«

»Du meine Güte«, sagte ich. »Es ist doch nur Evelyn, die mich zum Shopping Center abholen kommt.«

Minuten später lief er wieder zur Tür und entdeckte draußen einen Kahlkopf mit Ring im Ohr, einem Unterhemd und einer Tätowierung unter dem rechten Auge.

»Ach«, rief er, »ein Pirat! Wie wär's mit ein bißchen Popcorn?«

Der aber knurrte: »Und wie wär's, Sie ließen mich ans Telefon. Mein Motorrad ist zusammengebrochen und ich brauch jemand, der mich abschleppt.«

Es folgte eine Reihe von Enttäuschungen einschließlich einer Frau mit Mokassins, einem wildledernen Präriehemd und Stirnband, von der er glaubte, sie ginge als amerikanische Ureinwohnerin. (Es erwies sich später, daß sie für Unicef sammelte.) Und er war ganz begeistert von einem Kind mit riesigen Augen und knittriger Haut, das er für eine Art ET von einem anderen Planeten hielt. (Es war aber nur der Kleine unserer Freundin, der nach dem Schwimmunterricht vorbei kam und sehr runzlig geworden war.)

Seine Naivität rührte mich fast zu Tränen. »Nur einmal«, sagte er, »hab ich was gegeben und zwar einem Jungen, der als Gammler kostümiert war. Fabelhaft: verblichene Bluejeans mit zerfetzten Knien, ein T-Shirt, das nicht mal den Nabel bedeckte, durchlöcherte Schuhe, Rucksack und ein Bartwuchs von acht Tagen.«

Unser Sohn versucht noch immer dahinter zu kommen, warum ihn sein Vater an der Tür abfertigte und ihm einen Müsliriegel überreichte.

Wenn ich zurückdenke, glaube ich, meine Kinder haben keinen Teil ihrer Kindheit so ungern aufgegeben wie Halloween. Für sie hätte Halloween ewig weitergehen können. Anfangs dachte ich, sie würden es leid werden, so viele Demütigungen einzustecken für einen blöden Kissenbezug voller Smarties und Kaugummi, der einem die Zunge blau färbte. Aber es war doch wohl mehr daran. Es war das letzte Zauberreich, in dem sie so tun konnten, als seien sie jemand anders. Nach der schönen Welt des Scheins kam die Realität und die Menschen, die darin lebten, sahen nicht so aus, als ob sie sich besonders gut amüsierten. Sie verließen daher die Nacht der Hexen und Kobolde nur ungern.

Ich merkte, daß sie jedes Jahr kürzer brauchten, um sich zu verkleiden und immer später weggingen. Als unser Sohn zum letzten Mal loszog, tat er es in einem Rollkragenpulli und trug einen Taschenrechner und ein Stück Brie in der Hand.
»Hilf mir mal«, sagte ich. »Als was gehst du?«
»Als Yuppie«, sagte er.
Der Bursche hätte zur Bank fahren, einen Scheck ausstellen und sich seine Bonbons selber kaufen können.
Woher weiß man, wann man zu alt ist, an Halloween betteln zu gehen?
Wenn schon der Schnurrbart hinter der Maske kitzelt und man es nicht aushalten kann, sie aufzubehalten?
Oder wenn man die kandierten Äpfel nicht mehr kauen kann, weil die Teilprothese davon aushakt? Wenn einem jemand ein Kätzchen schenkt und man es umdreht und sagt: »Sie haben wohl eine Meise, das ist ja nicht mal sterilisiert«, wird es Zeit.
Wenn eine sinnenfrohe Hausfrau die Tür öffnet und fragt: »Kenn ich dich?« und die Antwort bekommt: »Nö, Puppe, aber dem können wir abhelfen«, ist man zu alt für Halloween.
Wenn man den Bettelrundgang erst abends um 11 Uhr beginnt und um Mitternacht schon wieder aufhört, weil man zu einer Verabredung mit einer Dame muß, sollte man es überhaupt lassen.
Denn jetzt hat man eine neue Stufe erreicht. Jetzt fährt man als schwangere Nonne verkleidet im Volkswagen herum und sucht sich dazu die passende Party.

In guten und in schlechten Zeiten –
aber nicht zum Mittagessen

Freitag, 21 Uhr 30
»Ich habe für euch alle was Tolles«, sagte mein Mann. »Mir ist eben eingefallen, daß ihr nie die Dias von eurer Mutter und mir in den Rockies gesehen habt. Holt noch ein paar Bücher, damit der Projektor gerade steht. Das Bild ist nicht genau auf der Leinwand. Ich hab da eine Aufnahme von einem Hund mit einem stehenden Ohr, das zieht euch die Schuhe aus. Bitte, wer zuletzt ins Zimmer gekommen ist – Licht aus!«
Widerwillig trottete die Familie im Gänsemarsch in das verdunkelte Zimmer und die Dia-Vorführung begann.
»Hier ißt eure Mutter ein Schinkenbrot, wie ihr seht, und merkt nicht, daß ich sie dabei aufnehme.«
Aus der Dunkelheit hörte man: »Widerlich. Stell nächstes Mal einen Spiegel vor sie hin.«
»Aber jetzt paßt auf«, sagte ihr Vater. »Dabei hab ich mein Stativ benutzt und wenn ihr genau hinschaut, seht ihr die Spitze von einem Flügel. Seht ihr ihn? Wir haben noch nicht rausgekriegt, was das für ein Vogel ist.«
Ein Lichtstrahl durchfuhr den Raum. Eine Tür wurde geöffnet. Sekunden später hörten wir einen Motor starten.
»Hier steht eure Mutter neben dem Schild der Staatsgrenze. So was nehme ich aus Gründen späterer Identifizierung auf. Ach, und das ist eine Aufnahme von eurer Mutter und mir, als wir eben geheiratet hatten. Wie ist denn das da reingekommen? Moment mal!«
Wieder sah man einen Lichtblitz und hörte jemand am Küchentelefon eine Nummer wählen.
»Ach herrjeh, weißt du noch, der Kerl da«, sagte der Vorführer. »Ihr Kinder kennt ihn nicht, wir haben ihn irgendwo an den Seen getroffen. War es nicht am Ochi-

chaba-See? Den sind wir gar nicht losgeworden. Wie hieß er doch noch, Erma? Er hatte eine Schwester in Cleveland, die war Zahnarzthelferin. So was wie Crabtree oder so ähnlich ...«
Die Tür klappte, und ich sah den Umriß meiner Mutter, wie sie meinen Vater aus der Tür schob.
Nach einer Stunde sagte mein Mann: »Mach doch einer mal Licht, ich schieb einen anderen Kasten rein.«
Die Zuhörerschaft hatte sich verringert. Anwesend waren nur mehr wir beide.
»War es so schlecht?« sagte er niedergeschlagen.
»Wenn ein Krieg ausbräche«, sagte ich, »und alle wüßten, daß dabei selbstgeschossene Dias gezeigt würden, ginge keiner hin.«
»Ich glaube, die finden uns ziemlich öde«, meinte er.
»Warum sagst du das?«
»Eines von den Gören hat mich gefragt: Worüber unterhält man sich eigentlich, wenn man 38 Jahre verheiratet ist?«
»Zeig doch noch mal das Bild von uns beiden als Jungvermählte«, sagte ich. »Ich glaube, ich trag immer noch dieselben Schuhe.« Das Paar, das da auf die Leinwand geworfen wurde, sah verlegen aus, wie geniert von soviel Aufmerksamkeit.
Waren wir jemals so jung gewesen?
Ich erinnerte mich noch so gut an diesen Tag. Als ich neben ihm am Altar niederkniete, entwarf ich meine Pläne. Als erstes würde ich ihn dazu überreden, sich die Haare wachsen zu lassen. Großer Gott, wie ich diese Struppfrisur haßte, er sah damit aus wie ein Langhaarteppich, der eben aus der Trockenschleuder kommt. Aber in wenigen Monaten würde er aussehen wie ein anderer Mensch.
Beim Hochzeitsempfang beobachtete ich ihn mit seinen Poker spielenden Kumpeln am anderen Ende des Saales.

Auch das würde sich ändern müssen. Von nun an würde es nur mehr uns beide geben, die den Sonnenuntergang betrachteten und im Kino Händchen hielten.
Auch andere Eßgewohnheiten würde ich beibringen müssen, nicht mehr die vielen Gemüse (Designer-Müll) und dafür mehr Vollwertiges: Semmeln, Teigwaren, Klöße und als Getränk Sauce.
Er war langsam und gründlich. Ich würde mir etwas ausdenken müssen, um ihn auf Trab zu bringen. Auch seine Eigenheiten mußten etwas getrimmt werden. Nie schraubte er die Kappe wieder auf den Kugelschreiber. Den Telefonhörer hing er verkehrt herum ein, weil er Linkshänder war. Im Sommer trug er Wintersachen, im Winter Sommersachen. Nun sind schon 38 Jahre vergangen. Geändert hat sich nichts.

Mein Mann blickte lange auf das Dia, in seine eigenen Gedanken versunken. Die Braut hätte damals zum Altar schreiten sollen mit einer Warnung der Stiftung Warentest auf der Stirn. Sie war keine Woche Ehefrau, schon ging alles an ihr kaputt. Ihre Mandeln vereiterten, ihre Zähne wurden kariös, ihre Nieren entzündeten sich, sie bekam drei Kinderkrankheiten nachgeliefert und brauchte eine Brille. Sie wäre eine großartige Testperson für einen Medizinstudenten der ersten Semester gewesen ...
Wenn er sie sich von seinem Gehalt hätte leisten können. Sie hatte außerdem eine sehr lästige Art, Verantwortung abzuschieben. Alles technische Gerät war so lange ihre Domäne, bis es kaputt war. Dann aber hieß es immer: »Du **mußt** *deinen Toaster jetzt aber wirklich reparieren.« Der Garten gehörte ihr, wenn es sich darum handelte, Blumen zu pflanzen, mußte aber der Rasen geschnitten werden, so hieß es: »Dein Gras wird zu lang!« Und nie gab es den geringsten Zweifel, wem die Klärgrube unterstand.*

»Ich denke gerade: Ob unsere Kinder wirklich erfassen, was für eine Arbeit es kostet, so eine Ehe über die Runden zu bringen?« sagte er und schob einen weiteren Kasten Dias ein. »Da heißt es schon viele Kompromisse schließen.« Ich nickte, im Dunkeln sitzend, langsam mit dem Kopf. Was Kompromisse schließen heißt, weiß man erst, wenn man mit einem Mann verheiratet ist, der die Fernbedienung vor dem Bildschirm kontrolliert und man einen Abend lang unterbewußte Erfahrungen mit zwanzig Fernsehprogrammen aussitzen muß – und die alle durcheinander.

Es bestand die stillschweigende Vereinbarung, daß mein Mann die Fernbedienung des Bildschirms als seine Domäne beanspruchte. Er sah in diesem elektronischen Gerät das Sinnbild seiner Entscheidungsfreiheit über Gut und Böse sämtlicher Sendungen. Ich sitze beispielsweise da und sehe Dallas. Gleich nachdem Sue Ellen geäußert hat: »Miß Ellie, ich habe es mir überlegt, ich fahre ein paar Tage in die ...« sieht man auf dem Bildschirm ein neunzigpfündiges Walroß und die Stimme des bekannten Tierfilmers sagt »... die Beringsee, wo noch Tausende anderer Bullen auf die Paarung warten.«

Mein Instinkt sagt mir, daß er wieder einmal umgeschaltet hat, ohne mich zu fragen und etwas in meinem Inneren spricht: Solange das Kästchen in seiner Hand ist, werde ich nie mehr nach Southfork zurückkehren.

Irgendwann saß ich abends genüßlich vertieft vor einem ernsthaften, bedeutenden Film, da verwandelte sich Liv Ullmann plötzlich in einen Entertainer, dann in ein Popkonzert und dann in zwei Ringkämpfer. Als ich versuchte, meinem Mann zu erklären, daß Liv sich gerade an einem Wendepunkt ihres Lebens befindet und über das Schicksal ihres Kindes entscheidet, meinte er: »Ich schalte gleich wieder zurück, wollte nur mal sehen, was es auf den anderen Kanälen gibt.«

Doch als er wieder auf Liv geschaltet hatte, war das Kind erwachsen, verheiratet und sprach von seiner Mutter in der Vergangenheitsform.
Macht –, darum geht es nämlich. Macht über etwas zu haben, ist kein Gefühl, das Frauen ergreift, wenn sie im Supermarkt auf der Gummimatte stehen und die Tür sich öffnen und schließen sehen.
»Manchmal«, sagte ich lächelnd, »denken unsere Kinder wahrscheinlich, wir seien schon alt auf die Welt gekommen. Schade, daß sie uns nicht gekannt haben, als wir noch albern und sprunghaft waren und allerlei dummes Zeug getan haben ... ehe wir so ... so systematisch geworden sind.«
Mein Mann schaute wieder, in eigene Gedanken versunken, auf die Leinwand.

Ich habe eine Frau geheiratet, die nie rechtzeitig etwas in den Müll wirft. Ich habe noch bei keinem Menschen so etwas erlebt. Zwei Teelöffel Erbsen und ein Rest Braten von der Größe eines Markstücks und schon ruft sie: »Das wird aufgehoben.« Einmal habe ich mitgezählt, es dauert eine volle Woche, ehe so ein Restchen den Weg bis zum Mülleimer schafft.
Erster Tag: Es kam vom Tisch bis zum Kühlschrank unter anhaltendem Jubel: »Das gibt noch eine herrliche Gemüsesuppe.« Jeder glaubte ihr.
Zweiter Tag: Jedesmal, wenn jemand den Kühlschrank öffnete und das Restchen in die Hand nahm, zwitscherte sie: »Laß stehen, das hebe ich für Gemüsesuppe auf.«
Dritter Tag: Das Restchen wurde auf ein weniger sichtbares Fach geschoben, von Zeit zu Zeit getätschelt und ihm wurde versichert, daß es noch eine Zukunft hätte – als Gemüsesuppe.
Vierter Tag: eine traumatische Zeit im Leben des künftigen Mülls. Er wurde entweder geschubst oder gestoßen,

ganz hinten in den Kühlschrank auf das Fach neben der Schüssel mit drei Eßlöffeln Pfirsichsaft und einem Kern.
Fünfter Tag: Am fünften Tag wurde das Restchen üblicherweise vorgeholt, der Luft ausgesetzt und herumgereicht mit der Frage ob noch jemand wußte, was das war. War es noch erkennbar, schubste man es in eine dunkle Ecke, damit es einen weiteren lang »reifte«.
Sechster Tag: Dies war der Wendepunkt, denn nun wurden Erbsen und Fleisch sauer, färbten sich grünlich, wurden hart oder bekamen einen Flaum.
Siebenter Tag: Man hörte Freudengeschrei aus der Küche. Die Kinder umtanzten den Kühlschrank und sagten: »Ist es schon Müll?«
Dann zog Erma den Rest hervor, schlug die Alufolie auseinander und erklärte Erbsen und Fleisch für tot. Erst wickelte sie es in Zeitungspapier, dann kam es in eine braune Tüte, dann in eine Plastiktüte, und schließlich wurde es in der Mülltonne in der Garage zur Ruhe gebettet.
Ich hätte immer gern ein Schild drangehängt: »Rest. Geboren 7. Mai, gestorben 14. Mai.«

»Meiner unmaßgeblichen Meinung nach sind deine Dias sehr schön«, sagte ich, »obwohl ich mir vorkomme wie ein Dinosaurier.«
»Hmmm«, sagte er, knipste das Licht an und räumte die Dia-Kästen weg. »Neulich habe ich gelesen, daß es gerade nach sechseinhalb Jahren immer zur Scheidung kommt. Ich wüßte gern, was gerade an sechseinhalb Jahren so Mysteriöses ist.«
»Es ist die Ehe-Garantie«, sagte ich. »Die läuft nach 78 Monaten ab.«
»Wie meinst du das?«
»Alles hat seine Toleranzgrenze. Die Toleranzgrenze einer Ehe liegt bei sechseinhalb Jahren. Nach Ablauf

dieser Zeit hat die Ehefrau 5 048 Mahlzeiten gekocht. Sie ist dann so gut oder so schlecht, wie sie auch bleiben wird.
Nach 78 Monaten hat man – außerhalb der Kirche – alle Verwandten kennengelernt. Den Schwiegervater, der ißt wie ein Neandertaler, den Bruder, der einen dauernd anpumpt, die Schwiegermutter, die den Ehemann noch ›mein Baby‹ nennt, wenn ihm der Bauch längst über den Gürtel hängt und sein Haaransatz aussieht wie die Küstenlinie von Florida.«
»Aber woher willst du das wissen«, sagte er.
»Verlaß dich drauf. Es ist die Zeit, in der die guten Manieren wegfallen und Höflichkeit nicht länger in Betracht gezogen wird. Die Füße des Göttergatten fangen an zu riechen. Seine Eheliebste hinterläßt verschmierte Zahnpasta im Waschbecken. Er macht sich bei Tisch die Fingernägel sauber. Sie putzt sich nicht nur die Nase – sie schnaubt wie ein Walroß.
Die Aussteuer ist aufgebraucht. Die Frau ist schon so weit, daß sie Flanellschlafanzüge und Bettsocken trägt. Es sind Kinder da, die man wässern, füttern, erziehen, kleiden, unterhalten und drillen muß. Der morgendliche Abschiedskuß ist ungefähr so leidenschaftlich wie Mund-zu-Mund-Beatmung eines toten Wellensittichs.«
»Mein Gott«, sagte er, »bei dir klingt es aber wirklich so, als säßen wir eine Strafe ab.«
»Moment mal! Manchmal sieht man doch auch ein Paar, das die Ausnahme von der Regel ist. Hast du mal die Rubrik in der Zeitung gelesen: Ihre goldene Hochzeit feiern ... Erst gestern war so was drin. Wo hast du die Zeitung hingetan?«
»Unters Sofa gestopft.«
Ich blätterte, bis ich fand, was ich suchte. »Aha, hier: Maudie und Walter Slanker, fünfzig Jahre lang verheiratet, sind Ehrengäste beim Empfang der blah-blah –

warte, hier, hör dir das an: ›Wir haben noch das Wasser mit Pferd und Wagen holen müssen, der Kälte und dem hohen Schnee getrotzt, zehn Kinder großgezogen und eine Tochter verloren, die Virginia hieß.‹«
»Das muß eine aufregende Ehe gewesen sein«, sagte mein Mann.
»Ein ganzes Leben in vierundzwanzig Worten!« sagte ich. »Das stimmt einen doch nachdenklich. Wo sind all die anderen Augenblicke geblieben? Haben sie je gemeinsam Tapeten geklebt? Gestritten, wer an der Wand schlafen muß? Einen Trinkspruch auf einen babylosen Monat ausgebracht? War er je eifersüchtig auf den Lexikonvertreter?« – »Hingen seine Jahr um Jahr gleichbleibenden Witze ihr zum Hals heraus? War er es leid, dauernd etwas über ihre Arthritis zu hören? Haben sie sich in dem Jahr, in dem er ihr das Fahren beibrachte, überlegt, ob sie noch eine gemeinsame Zukunft haben? Und ebenso in dem Jahr, in dem seine Mutter bei ihnen den Babysitter machte und ihr das Backrohr reinigte? War er kleinkariert? War sie todlangweilig?«
»Hatte er die übliche Angewohnheit, mit einem Schmatzlaut an den Zähnen zu lutschen, bei dem sie die Wände hochging? Hat sie dreißig Jahre lang jeden Abend, wenn er zur Tür hereinkam, gefragt: ›Bist du's?‹«
»Haben sie einander tatsächlich lieb behalten, durch fiebrige Grippen, angesetztes Fett, Übelkeit, Gereiztheit und Sarkasmen – oder haben sie einfach nur vor sich hin gewurstelt?«
»Waren sie für einander da, als diese Virginia starb, als er seine Stellung verlor und sie fand, daß er sie vernachlässige? Hat er je gewußt, daß sie Pepperoni im Hackbraten gräßlich fand und sie um seinetwillen fünfzig Jahre lang hineintat? Ist ihm je eine Ahnung gekommen, daß sie absatzlose Pantoffeln haßte, sie aber trug, weil er ihr jedes Weihnachten welche schenkte? Zehn Kinder, das

sind unzählige Paar Schuhe, lebenslange Zahnregulierungen, eine Ewigkeit von ›Kann ich bitte ...‹ endlose Abende bei Elternversammlungen, Jahre zugeknallter Türen, und eine nie abreißende Zeitspanne des ›Wir müssen an die Kinder denken‹.«
Ich legte den Kopf auf die Schulter meines Mannes. »Fünfzig Jahre. Wie haben die das nur geschafft?«
Mein Mann seufzte. »Er hat vermutlich gehofft, zum Schluß doch noch das letzte Wort zu behalten.«

Eines Kindes Badezimmer ist seine Burg

Freitag, 23 Uhr
Als mein Mann den Projektor wegpackte, merkte ich, daß es wieder still geworden war im Hause und unsere drei Kinder sich mit dem beschäftigten, womit sie sich sonst um elf Uhr abends beschäftigen.
»Ich geh rauf und kontrolliere die Gästezimmer.«
»Seit wann nennst du die Schlafzimmer der Kinder Gästezimmer?« wollte mein Mann wissen.
»Komm, laß schon! Wie ich dir schon mal gesagt habe, gefällt mir die Vorstellung, daß ein Zimmer etwas aussagt. Das Schlafzimmer sagt: Werde hier nicht heimisch. Dein Besuch ist nur vorübergehend.«
»In dem Moment, in dem sie fortzogen, hat sich hier alles verändert«, sagte er. »Da hast du eine Tischdecke auf den Küchentisch gelegt, und einszweidrei war es ein ›Frühstücksraum‹. Und eine Lampe und ein Sessel machten unser Schlafzimmer zur ›Suite‹. Ich werde nie verstehen, warum du den Billardtisch nicht mehr im Wohnzimmer haben wolltest.«
»Weil wir keine Familie mehr haben«, erklärte ich geduldig. »Außerdem sieht der Billardtisch in der Sonnenveranda viel besser aus.«

»Die hat jetzt auch nicht mehr Sonne als damals, als sie noch hintere Veranda hieß«, murmelte er. »Außerdem vermisse ich den Schreibtisch im – wie nennst du das jetzt?«
»Den Medienraum.«
»Ich sehe nicht ein, warum du ihn zu deiner Nähmaschine stellen mußtest.«
»Würdest du ihn lieber in deinem Bastelraum haben?«
»Wo ist denn mein Bastelraum?«
»Das weißt du genau: im ehemaligen Souterrain, wo all dein Werkzeug ist.«
»Was für Werkzeug?« fragte er. »Ich habe einen Hammer, einen Schraubenzieher, ein Dutzend Babynahrungsgläser voller Schrauben und zwei zusammengebrochene Gartenstühle. Was ich möchte, ist ganz einfach ein hübscher Raum, wo ich mich hinsetzen und in Ruhe die Zeitung lesen kann. Ich kann ja nicht mal mehr im Bad allein sein.«
»Das kommt daher, daß wir kein Badezimmer mehr haben. Seit wir das Trimmrad und die Badezimmerwaage hineingestellt haben, ist es der ›Fitneßraum‹.«
Er lächelte. »Hast du deinen Fitneßraum schon mal wiedergesehen, seit die Kinder zu Hause sind?«
Ich stieß die Tür zum Fitneßraum auf und rang nach Luft. Der Spiegel war dampfbeschlagen, der Boden von Wand zu Wand mit Handtüchern bestreut, der Duschvorhang tropfte auf den Fußboden, die Seife verflüssigte sich vor meinen Augen, Tuben ohne Kappen lagen dichtgedrängt im Waschbecken. Die Toilettenpapierrolle war leer. Nasse Waschlappen und schmutzige Wäschestücke hingen am Trimmrad. Zeitungen lagen überall auf dem Boden. Die Toilettenschüssel war mit Pflasterpackungen gefüllt. Offene Flaschen mit Shampoo und Spülmitteln säumten die Wanne, in der ein Föhn lag.
Die Bezeichnung »Kinderspielzimmer« wäre angebrach-

ter gewesen. Seit ich denken kann, war es das Wasserloch, an dem alle zusammenströmten. Hier herein kamen sie mit zwei Jahren, und wir sahen sie, abgesehen von den großen Ferien und gelegentlichen Bildungsanfällen nicht wieder, bis sie in eigene Wohnungen zogen.

Was nur taten sie hier drin? Sie projizierten die Filme des Heimkinos von Mom und Dad auf die Wasserfläche der Toilette und zogen dann die Spülung, damit unsere Gesichter sich verzerrten und im Kreise wirbelten.

Sie ließen elektrische Birnen in der Wanne schwimmen und schossen mit Wasserpistolen danach. Einmal umhüllten sie eine tote Krötenechse mit der Nationalflagge und begruben sie »auf See«.

Sie verzierten den Deckel der Toilette als Torte und schrieben die Glückwünsche mit Daddys Rasiercreme darauf.

Und wenn ich an die Tür hämmerte und rief: »Was macht ihr da drin?« lautete die Antwort immer gleich: »Nichts.«

»Nichts« bedeutet für Eltern und Kinder etwas völlig Verschiedenes.

Für Eltern bedeutet »nichts«, daß man ins Leere starrt, mit verglastem Blick, die Hände im Schoß und flach atmet.

Wenn ein Kind »nichts« tut, ist das für die Eltern das Signal, den Notruf zu betätigen. Gewöhnlich tut es »nichts« hinter verschlossener Badezimmertür, ein Hund bellt, Wasser rinnt unter der Tür durch, eines seiner Geschwister winselt um Gnade und außerdem riecht es sonderbar nach versengten Haaren und hört sich an, als trampelten tausend Kamele auf der Stelle. Ich wollte immer wissen, wie lange sie schon »nichts« taten, mit wem sie »nichts« taten und wieso es dann eine Viertelstunde dauerte, bis sie die Frage beantworteten.

Kinder werden von Badezimmern magisch angezogen. Von Geburt an ist ein Badezimmer für sie ein Mysterium.

Kaum sind sie auf der Welt, sagt ihnen eine innere Stimme: »Sobald du kriechen oder laufen kannst, Bippie, krabbel ins Bad und wirf deine Schuhe in die Toilette.«
»Was ist das, Schuhe?« fragt das Kleinkind. »Etwas, was man sich von den Füßen zieht, sobald man nur dazu Gelegenheit hat.«
»Und was ist eine Toilette?«
»Ein Ort, in den man die Schuhe schmeißt, damit es darin gurgelt.«
Ich sah mich um. Die besten Jahre meines Lebens hatte ich in diesem öden feuchten Ort verbracht und mich bemüht, einem der Kinder die Benutzung des Toilettensitzes beizubringen. Ich wollte, ich hätte einen Groschen für jeden Tag, an dem ich ein Kind auf den Thron setzte, auf dem Badewannenrand hockte und ihm vormachte, wie die Wasserspiele in der Villa d'Este sich anhören.
Manchmal drohte ich ihnen mit einem Loch im Fahrradsattel und einem Plastikfutter für ihre erste Smokinghose beim Abitur. Sie verbrachten so viel Zeit im Badezimmer, daß sie ernsthaft glaubten, auch der Himmel hätte eine Neonleuchte und einen elektrischen Ventilator. Kein Wunder, daß sie mit den Jahren eine solche Vorliebe für diesen Raum entwickelten. Er wurde zu ihrer Fluchtburg ... ihrem Bergesgipfel ... ihrer letzten Bastion des Alleinseins. Er sicherte ihnen die diplomatische Immunität von jeder nur denkbaren Haushaltspflicht.
»Wo ist dein Bruder? Er soll mir helfen, die Einkäufe aus dem Kofferraum ins Haus zu bringen.«
»Der ist im Bad.«
»Beeil dich gefälligst, sonst verpaßt du den Schulbus und ich muß dich wieder zum Unterricht fahren.«
»Ich bin im Bad.«

»Bist du im Bett?«
»Ich bin im Bad.«
»Könntest du den Hund hinauslassen?«
»Ich bin im Bad.«
»Komm zum Essen.«
»Ich bin im Bad.«
In meinen Alpträumen hörte ich den Geistlichen am Altar die Braut fragen: »Wo ist der Bräutigam?«, und eine Stimme aus der Ferne tönte: »Ich bin im Bad.«
Wenn ich zurückdenke, wird mir klar, daß die meisten Unterhaltungen mit den Kindern durch diese Tür stattgefunden haben, gewöhnlich um 2 Uhr morgens.
»Bist du es, der eben heimkam?«
»Was dachtest du denn, wer es ist?«
»Wie spät ist es?«
»Wie spät glaubst du denn, daß es ist?«
»Hast du was gegessen?«
»Hab ich doch immer.«
»Hat Greg dich erreicht?«
»Hat er angerufen?«
»Hast du den Wagen aufgetankt?«
»Hab ich doch versprochen.«
»Sind Handtücher drin?«
»Sind sie doch immer.«
»Soll ich dich am frühen Vormittag wecken?«
»Doch nicht im Ernst?«
»Ich geh jetzt schlafen. Es ist wundervoll, daß wir so miteinander reden können. Viele Kinder werden in deinem Alter so reserviert, man weiß nie, was sie tun oder sagen. Ich hab doch wirklich Glück. Darauf brauchst du nicht zu antworten...«
Als ich die letzte Pfütze am Fußboden aufgewischt hatte, richtete ich mich auf und begutachtete den Raum.
»Der Fitneßraum entspricht wieder den Vorschriften des Gesundheitsamtes«, verkündete ich stolz.

»Für mich bleibt es immer eine Bibliothek«, sagte mein Mann, der mit einem Stoß Zeitungen hereinkam.
»Ehe du dich niederläßt«, sagte ich, »ich möchte die Badezimmerwaage herausnehmen.«
»Wo willst du denn hin damit?« fragte er.
»In den Reptilienraum. Weitere zwanzig Pfund auf dem Deckel des Schlangenbehälters können nichts schaden.«

Aber Dad, es ist doch ein Oldtimer ...

Sonnabend, 8 Uhr morgens.
Wenn man sie durchs Fenster beobachtete, sahen sie aus wie eine Szene aus ›Vater weiß es besser‹. Dad in seiner langen Strickjacke umrundete den Wagen des Sohnes, hielt manchmal inne, trat gegen die Reifen und beugte sich über den Motor. Sein Sohn, in zerlumpten Jeans und wirrem Haar, wedelte mit einem Schraubenschlüssel.
War es wirklich erst wenige Jahre her, daß sein Vater schwarzes Haar hatte und der Sohn ein Badehöschen von der Größe eines Ziertabletts und sie miteinander am gleichen Fleck standen, um den Swimmingpool einzuweihen?
Kinder, die wir noch nie zuvor gesehen hatten, standen Schlange mit Schnorcheln, Gummitieren, Schwimmflossen und alten Lastwagenreifen.
»Um Himmels willen«, sagte mein Vater. »Ich hab das Ding ja noch nicht einmal aufgeblasen. Hast du denn denen nicht gesagt, daß es aus Plastik ist und nur einen Meter Durchmesser und 50 Zentimeter Tiefe hat? Ich hab schon manchmal Getränke bestellt, die größer waren!«
Als er die Lippen an das Ventil setzte, senkte sich Schweigen über die Menge. Nach zehn Minuten des Keuchens und Pustens war er einer Ohnmacht nahe, aber der Pool war aufgeblasen.

Als er über dem Plastikbecken stand, einen Gartenschlauch in der Hand, waren alle Augen auf den Wasserstrahl gerichtet. Er hielt die Menge zurück, gab Chlor hinein und rührte um. Als er fertig war, sagte er: »Und nun wollen wir mal ein paar Grundregeln festlegen. Niemand springt mit Gras an den Füßen hinein und...«
Doch seine Worte gingen unter, er wurde buchstäblich überflutet.
Zwei Sekunden später erschien ein Nachbarskind an der Tür und verkündete, unser Sohn habe ins Schwimmbecken Pipi gemacht, und sie gingen jetzt alle nach Hause.
Vater und Sohn mögen früher gewisse Differenzen gehabt haben, heute aber waren sie miteinander in Kontakt.
Die Tür wurde mit einer Wucht zugeworfen, daß die Teller klirrten.
»Hab ich dir nicht gesagt, daß es Unfug war, diesen Schrotthaufen anzuschaffen.«
»Aber Dad, es ist doch ein Oldtimer!«
»Dem kann man sagen, was man will, er versteht einen nicht«, sagte mein Mann zu mir gewandt.
»Was ist denn los?« fragte ich.
»Los ist«, sagte mein Mann, »daß dieser Wagen von Anfang an ein Mist war. Hast du dich je gefragt, wer eigentlich all die Wagen kauft, die in Fernsehfilmen zu Schrott gefahren werden? Unsere Kinder kaufen sie.«
»Dad, der Wagen ist Baujahr '79 und hat nur 700 Kilometer drauf.«
»Ja, weil es ein Fluchtauto war.«
»Hecktüren sind Klassiker.«
»Das Ding wurde erst eine Hecktür, als ein Garagentor drauffiel, hast du dir das nicht klargemacht? Das Auspuffrohr ist mit Tesa-Band befestigt, die Fenster sind nicht herunterzukurbeln, die Federn sind gebrochen und der Motor ist festgefressen.«
»In zehn Jahren«, sagte mein Sohn und wies mit dem

Finger darauf, »wird dieses Schmuckstück sein Gewicht in Gold wert sein.«
»Du wirst auch zehn Jahre brauchen, um ein Getriebe dafür zu kriegen, weil das nur noch in einer tschechischen Kleinstadt vorrätig ist. Mach dich auf einiges gefaßt, mein Lieber, dieser Wagen wird Geld verschlingen und zwar viel.«
»Ich werde ihn schon pflegen«, verteidigte er sich.
»Orangensaft in den Kühler zu gießen, wenn er überkocht, ist keine pflegende Maßnahme.«
»Wenn es eine so verrottete Mühle ist, wie kommt es dann, daß ihn vorigen Monat jemand stehlen wollte?«
»Wenn es ein solches Kleinod ist, wie kommt es dann, daß man die Kerle dabei erwischt hat, daß sie mit blanken Drähten starten mußten, wo doch der Zündschlüssel steckte?«
»Ich hab dich nicht um eine Standpauke gebeten, nur um lausige 200 Dollar, um ihn wieder in Gang zu bringen.«
»Hör zu, mein Junge«, sagte sein Vater, »seit du deinen Collegeabschluß hast, versuchst du, deinen Platz im Leben zu finden. Willst du wissen, wo du stehst? Irgendwo in der Mitte zwischen Antipickelcreme und Bankrott. Ich habe große Hoffnungen in dich gesetzt, mein Junge. Ich möchte, daß du am Altar der Arbeit einem Dauerjob die Hand reichst, gelobst, ihn zu lieben und zu ehren, durch Pensionen und Fusionen, durch Gehaltserhöhungen und Rationalisierungen, in Baisse und Hausse, bis der Tod euch scheidet. Dazu brauchst du einen Ansporn? Du bist gebunden – in guten und bösen Tagen – an einen Oldtimer, der im Nebenhof geparkt ist, einen mit Kübelsitzen und einem Namen, den du nicht aussprechen kannst. Jetzt hast du eine Verantwortung. Du mußt für einen Wagen sorgen. Also geh hin und such dir eine Stellung.«

Unser Sohn hörte ihn aufmerksam an und strebte dann dem Gästezimmer zu.

Für eine Predigt der vorigen Generation war das gut gesprochen. Üblicherweise waren unsere Predigten »Goldene Oldies«, ererbt von unseren Vätern, die sie wiederum von ihren Vätern übernommen hatten. Das jedoch war eine neue Predigt für eine neue Generation gewesen, die in einem neuen Zeitalter lebte. Unserer Generation hat niemand erklären müssen, wie man den amerikanischen Traum verfolgt. Die Modelle waren gewissermaßen schon vorhanden, als wir eintrafen. Wir heirateten früh, bekamen Kinder, trugen das praktische Nylon, zahlten bar, düngten den Rasen, wuschen unsere Wagen selber und warteten auf die Weihnachtsgratifikation. Wir schlossen Abzahlungsverträge für Häuser mit einer Laufzeit von vierundzwanzig Jahren, schlossen Ehen mit einer von vierzig Jahren und blieben ohne mit der Wimper zu zucken dreißig Jahre lang in der gleichen Stellung. Erst als wir Kinder hatten, mußten wir feststellen, daß kein Mensch Lust hatte, uns oder unserem Lebensstil nachzueifern. Kein Mensch wollte die Früchte unserer Arbeit übernehmen. Keiner wollte von unseren Erfahrungen profitieren.

Sie hatten ihren eigenen Fahrplan.

Unsere Generation schleppt den Fluch eines guten Gedächtnisses mit. Wir erinnern uns noch, wie es war, als es nirgends Jobs gab und nur einen einzigen Weg, einer Welt zu entrinnen, in der man in der Unterwäsche schlief und portionsweise für fünfzig Cents Kohle kaufte – Lernen! Bildung! Wissen!

Nie werde ich vergessen, mit welchem Gefühl des Stolzes wir unseren ersten Akademiker in der Familie den Mittelgang herunterschlendern sahen.

Er sah mit seinem Talar aus wie ein Richter des Obersten Bundesgerichts, der eben noch ein paar Übungsbälle ins

Basketballnetz geworfen und dann vergessen hat, andere Schuhe anzuziehen.
Ich knipste ihn, obwohl er für diesen Fall mit Selbstmord gedroht hatte. Als ich aufblickte, war er immer noch da und schaute mich an, als habe er etwas Unbekömmliches gegessen.
Was das College für ihn betraf, waren sein Vater und ich nicht einer Meinung. Ich war noch immer so naiv wie früher und fand, der Campus habe »eine nette Atmosphäre«. Und als mein Sohn dann nie nach Hause schrieb, war ich überzeugt, daß ihm nur die Bibel auf den Fuß gefallen sei und er nicht zur Post humpeln könne, um den Brief aufzugeben.
Als er seine Zeugnisse abfing, ehe wir sie lesen konnten, wußte ich instinktsicher, daß er sie rahmen lassen und mir zum Muttertag überreichen wollte.
Wie ich zu seinem Vater sagte, wußte ich auch, warum er einen Scheck über 100 Dollar vordatierte: Er mußte sich ein zu seinem Schlips passendes Jackett kaufen für den einen Abend in der Woche, zu dem man sich im Studentenheim festlich anziehen muß.
Sogar als ich dort anrief und eine Stimme schrie: »Putzi, es ist deine Mutter«, hatte ich keinen Zweifel, daß ich die falsche Nummer gewählt hatte.
Mein Mann warf einen kurzen Blick auf die aus dem Studentenheim nach draußen flatternden Fenstervorhänge, das dreistöckige Monument aus Bierdosen unweit der Kapelle und eine in der Halle angebundene Ziege und sagte: »Du bist hier falsch, das ist ein Tierheim.«
Waren wirklich erst vier Jahre vergangen, seit er bei uns am Eßtisch saß und sein Curriculum ausarbeitete? Anfangs dachte ich, das eine oder andere Thema sei verspielt, doch dann erläuterte mir unser Sohn, man gehe neuerdings davon aus, Collegestudenten weiterzubilden.
»Auf was die auch alles kommen«, lächelte ich.

»Der allgemeine Trend«, erklärte er weiter, »geht dahin, daß bisher zu viel Gewicht auf Spezialstudien gelegt wurde, und man bei fortschreitender Bildung zu Kursen zurückkehren muß, in denen die Studenten auf das Alltagsleben vorbereitet werden.«
Ganz meine Meinung!
Im Nachhilfekurs für Fahrradüberwachung (drei Stunden) für Anfänger, denen in fünf Jahren dreimal das Fahrrad geklaut worden ist, hatte er seine Sache gut gemacht. (»Ketten, Vorhängeschlösser, kleinere Mengen Sprengstoff und Zünder sind mitzubringen. Fahrräder werden gestellt.«)
Ebenfalls sehr informativ war »Gibt es ein Leben nach dem Lunch« (drei Stunden). Ein Seminar mit Gastprofessoren. Sie gaben einen Überblick über die Vorteile des Wachbleibens, um an Zimmerreinigung und Wäscheeinweichen teilzunehmen, die vorgeschriebene Lektüre zu erledigen und – im letzten Quartal – ein, zwei Klassen zu überspringen (zwei Stunden). Nur knapp kam er mit beim Kursus »Dein Wagen und die Wunderheiler« (zwei Stunden). Es war dies »ein freimütiger Blick auf Automechaniker, die versprechen, das Getriebe dadurch zu reparieren, daß sie Wasser hineingießen«.
Als besonderen Bonus hielt Dr. Weingard Schuyler vom Herzzentrum einen Vortrag darüber, wie man bei der Versicherung einen Rückerstattungsanspruch aufrecht erhält, obwohl man schon Schäden angemeldet hat.
Es glaubt kein Mensch, wie sehr er gebüffelt hat für »Elternwochenende. Religiöse Erfahrungen oder Wie ich mir das Ende der Welt vorstelle«.
Dazu gehörten sämtliche Aspekte des Aufräumens, ehe die Eltern im Campus auftauchten, einschließlich des Verschwindenlassens einer Zimmergenossin und das Dekorieren des Zimmers mit akademischen Accessoires wie Büchern und Bleistiften.

Der Kursus, von dem er am meisten zu profitieren glaubte, war seiner Meinung nach »Jogging einmal anders«, ein fünfstündiges lustiges Fitneßtraining, in dem das Sichwarmlaufen weggelassen und größter Wert auf Begegnungen mit dem anderen Geschlecht gelegt wurde.

Ich fand, er hätte seine Kurse sehr klug ausgewählt, mein Mann aber fürchtete, daß eine so umfassende Bildung zu intellektueller Konformität führen könne, zu einem sterilen Sicheinfügen aus Gründen gesellschaftlicher Kohäsion. Ich entgegnete ihm, der Junge hätte ja »gesellschaftliche Kohäsion« im letzten Semester belegen wollen, doch sei für das Examen die »Geschichte Pertiers« wichtiger gewesen.

Um seinen Vater zu beschwichtigen, belegte er dann einen jobverwandten Kurs namens »Cinema«. Er war ja schon immer gern ins Kino gegangen, anfangs dachten wir auch, es wäre nett, ein Kind zu haben, das einige unserer Heimkinoaufnahmen aus Südamerika schneiden und kleben könnte. Später entdeckten wir, daß er das kürzeste Heim-Filmchen produziert hatte, das je ins Guinness Buch der Rekorde kam. Er erklärte uns das so: »Es waren überhaupt nur drei Filmmeter irgendwie brauchbar. Ich verstehe nicht, wieso ihr ohne Kamerawagen auf die Reise gegangen seid.«

Unser Sohn, der Collegestudent. Er war so naiv, als wir ihn auf sein College schickten. Wir versuchten, ihm Einsichten zu vermitteln, die ihm bei ersten Erfahrungen im Leben fern von daheim helfen könnten – Einsichten, die ihm helfen würden, sein Leben durch so manchen Sturm zu steuern.

1. Saubere Unterwäsche vermehrt sich nicht von selber.
2. Klassenkameraden, die einem Geld schulden, verlassen noch im ersten Semester das College und betreiben Selbstfindung in Big Sur.

3. Studenten, die ihren Eltern schreiben, werden im Testament bedacht.
4. Einzahlungen müssen immer höher sein als Abhebungen.
5. Verfolge jede Küchenschabe so erbarmungslos, als sei sie weiblich, schwanger und wild darauf, in deinem Gepäck mit nach Hause zu reisen.
6. Ein Brief der College-Bibliothek an deine Eltern mit der Mitteilung, wenn du nicht den Band »Erotische Träume und deren Bedeutung« zurückgibst, bekämst du nur ein Blanko-Formular deines Diploms, wird bei deiner Mutter Herzstillstand auslösen.

Und nun? Nun war alles vorüber. Man rief seinen Namen auf und ehe er von der Tribüne herunterstieg, schaute er schnell nach, ob sein Diplom auch kein Blanko-Formular war. Der Universitätssprecher sagte, die Graduierten seien die Hoffnung der Zukunft. Er sagte, jeder von ihnen werde neue Horizonte aufreißen und dabei seines Glückes Schmied sein. Die Kapelle im Hintergrund spielte leise aus *The Sound of Music* und Augen wurden feucht, als der Sprecher sie aufforderte, »jeden Gipfel zu ersteigen, jeden Fluß zu durchqueren und jeder Straße zu folgen, bis sie ihren Traum gefunden hätten«. Nach der Feier konnte der Junge seinen Wagen nicht finden. Jetzt kam unser Sohn wieder in die Küche und sagte: »Dad, ich habe über das nachgedacht, was du gesagt hast. Du hast recht. Ich habe es tatsächlich vermurkst und jetzt geschieht etwas! Ich gehe zurück ins College und mache meinen Magister.« Wir saßen regungslos da, die Tasse in der halb erhobenen Hand. Ich hatte einem Marathonstudenten das Leben geschenkt.
»Und das Fahrproblem habe ich auch gelöst«, sagte unser Sohn, »ich zieh wieder zu euch und borge mir euren Wagen.«

Mami! Papi! Ich bin wieder daheim!

Es war einfach unfair.
Ich hatte doch schon Abschied genommen von leeren Milchkartons und vertrocknetem Frühstücksfleisch. Abschied genommen für immer von einer Tag und Nacht brennenden Verandabeleuchtung, von stockig gewordenen Handtüchern und leeren Eiswürfeltabletts. Ich bin zu müde geworden für meinen einstigen Beruf als Mutter. Es macht mir nichts mehr aus, wenn meine Geschirrtücher aussehen wie der Hosenboden eines Mechanikers, oder mein Plätzchenblech wirkt, als stamme es aus der Zeit Washingtons.
Ich springe nicht mehr vor Begeisterung in die Luft, wenn meine Wäsche frisch duftet oder ich mit der Hand über die Oberfläche der Badewanne fahre, und sie sich *nicht* rauh anfühlt. Es hat einmal eine Zeit gegeben, da wußte ich genau, wann ein Kind sich drückt, um den Müll nicht hinaustragen zu müssen. Aber jetzt sind die Kerle zu flink für mich.
Man muß der Tatsache ins Auge sehen: Der Körper ist nicht mehr, was er war. Beine, die achtzehnmal am Tag für einen ganz simplen Schnupfen mit Tablett die Treppe hinaufgeklettert sind, haben jetzt mehr Krampfadern als Muskeln. Die Gestalt, die sich früher jeden Morgen mühselig aus dem Bett erhob, um alle zu füttern, vergräbt sich jetzt als unförmiger Haufen unter der Bettdecke und wimmert.
Auch bin ich nicht bereit, die Küche für drei Aufführungen täglich und eine Matinee an Sonntagen wieder zu eröffnen. Mit nur uns beiden wurde die Küche zu einem Ort, den man für einen Schluck Wasser betrat. Manchen Leuten mag eine Trinkfontäne für 20 000 Dollar übertrieben vorkommen, aber wir haben sie verdient.
Wir »essen jetzt auswärts«. Ich warte, bis der Ober nahe

genug an unserem Tisch ist, und lasse dann den Namen Michail Barischnikow fallen, weil ich ihn so gern ausspreche. Mein Mann schnüffelt an einem Weinkorken und gibt seine Zustimmung. Wir unterhalten uns über El Salvador. Ich weiß nicht, wie lange es anhält, aber eben jetzt macht es Spaß, ein bißchen hochzustapeln.
Es hat nichts damit zu tun, daß ich meine Kinder trotz allem liebe.
Schließlich habe ich auch eine Vorliebe für Miß Piggy, möchte aber doch nicht gern ihre Wäsche umkrempeln, ehe ich sie bügele.
Es ist wirklich nicht fair: die Kinder kommen, wenn sie keine Stellung, kein Geld, keine Socken, nichts mehr zu essen und Schulden haben.
Sie sind niemals da, wenn sie verliebt, auf der Durchreise, in der Schule sind, genügend Moos haben und ihre Wagen tadellos laufen.
Gut denn, das wird anders werden müssen. Wir werden Regeln aufstellen.
1. Alles, was im Hause stirbt, muß vor Sonnenuntergang begraben werden.
2. Falls Handtücher, Glaswaren, Nahrungsmittel oder Besteckteile fehlen, haben die Eltern das Recht zur Durchsuchung und Konfiskation.
3. Eltern haben das Recht, eine Tür aufzubrechen, wenn es dahinter zu still ist.
4. Schachteln und Gepäckstücke, die zur Rückkehr von einer Wohnung/Reise/Heirat benutzt wurden, werden dreißig Tage lang in der Garage gelagert, damit die Küchenschaben sie verlassen, und dürfen erst dann ins Haus gebracht werden.
5. Auf dem Grundstück wird keine Stereoanlage ohne Kopfhörer zugelassen.
6. Eltern steht nicht nur eine Miete für das Zimmer zu, sondern sogar das Recht, sie zu erzwingen.

7. Leute, die länger als sechzig Tage in einem Zimmer zurückgelassen werden, müssen eine Nachsendeadresse haben.

Ich glaube übrigens ehrlich nicht, daß das funktionieren wird. Selbst bei kurzen Besuchen schaffen wir es nicht. Die Kinder behaupten, wir unterstützten die falschen Bestrebungen mit unseren Autoaufklebern. Wir nähmen die Welt nicht ernst genug. Wir sähen gedankenlose Fernsehsendungen und unsere Bekannten sorgten dafür, daß die Importe aus dem Ausland nie aufhörten.

Wir zögen uns zu jugendlich an. Wir dächten zu gestrig. Wir äßen zu schnell. Wir führen zu langsam. Unser Wagen sei zu groß. Unsere Schränke seien zu klein.

O Gott, unsere Schränke! Wenn ich an unsere Schränke denke! Ich werde wieder zu der Methode zurückkehren müssen, alles Wertvolle zu verstecken, sonst durchkämmen sie meine sämtlichen Besitztümer, wie einen Diskontladen am Samstagabend.

O doch, ich war einmal eine derjenigen, die sich an das Bibelwort halten »wohlzutun und mitzuteilen vergesset nicht«. Aber das war, ehe ich merkte, daß eine Frau die wohltuet und mitteilet zum Schluß Schubladen voll angebrauchter Strumpfhosen, eine kaputte Stereoanlage und jeden Morgen eine nasse Zahnbürste hat.

Außerdem einen Fotoapparat mit Sand drin, eine Bluse, die an akuter Transpiration gestorben ist, einen Leihbibliotheksband mit verbogenem Rücken, einen Schlafsack mit kaputtem Reißverschluß, einen Tennisschläger mit gebrochenem Rahmen und einen Transistor, der »nur einmal aufs Pflaster aufschlug und schon kam kein Ton mehr raus«.

Ich bin Mutter. Irgendwo steht geschrieben, daß wir die Hände hinhalten sollen, wenn unsere Kinder etwas auszuspucken haben. Auf derselben Gesetzestafel ist auch aufgezeichnet, daß Bettücher, die mitten in der Nacht gewaschen werden müssen, Frauenarbeit sind. Hier gilt eben noch keinerlei Gleichberechtigung.

Wo aber steht, daß ich meinen Wagen den Kindern leihen muß? Mein Wagen ist ein sauberer Wagen. Ein sauberer Wagen ist ein glücklicher Wagen. Er ist keine Draufgängerei gewöhnt. Er war noch nie bei einem Rockkonzert inmitten eines Kornfeldes oder bei einem Schlamm-Radrennen auf ungepflasterter Straße. Er war noch nie, seit ich ihn besitze, bis nach Mitternacht auf und er strahlt Unschuld aus. Er ist eine Dame. Mein Sohn lieh ihn sich einmal aus, in einer Nacht, die ich wohl nie vergessen werde. Ich war wach, als der Wagen in die Einfahrt sauste, mit so lauter Musik, daß sich meine Kiefer verkrampften und am nächsten Morgen brauchte ich nur einen Blick auf ihn zu werfen, und schon sah ich Lehm am Kühler und den Sicherheitsgurt unter der Tür baumeln und wußte, daß mein Wagen regelrecht vergewaltigt worden war. »Sie« hatte etwas Mißbrauchtes, Erschöpftes an sich.

Der Motor war überdreht worden, einer der Lautsprecher verstummt. Sämtliche Knöpfe am Radio waren auf Rockstationen eingestellt. Im Aschenbecher lag ein Stück kalte Pizza. Die Antenne war bis zum vierten Stock hochgezogen. Unter dem Gaspedal steckte ein Tennisball. Meine Wagendame sah aus, als sei sie eine Woche lang nicht mehr kalt geworden. Die Benzinuhr stand auf Null.

Das war für mich immer schon eines der Geheimnisse des Lebens: Wie Kinder einen Tank bis auf den letzten Fingerhut voll leerfahren können. So etwas ist ein Talent, wirklich! Der Wagen rollt in die Einfahrt, japst, stirbt ab und die Benzinuhr fällt wie ein Stein auf Null.

Einmal habe ich einen Sohn im Wagen mitgenommen und gesagt: »Weißt du, wo Mutter dich jetzt hinfährt? Wir kommen jetzt an einen Ort, wo du noch nie warst.«

»Gibt's dort auch Jugendliche in meinem Alter?« fragte er.
»Nicht viele, aber du darfst mit ihnen Freundschaften schließen.«
Als wir vor den Zapfsäulen hielten, fragte er: »Was ist das denn hier?«
»Das ist eine Tankstelle. Man nimmt eine Tülle von der Benzinpumpe, steckt sie in den Benzintank und der Treibstoff verwandelt sich in Energie und treibt den Wagen.«
»Im Ernst?« fragte er.
»Gewiß«, sagte ich, »bist du nicht neugierig, warum Schilder aufgestellt werden, auf denen steht: *Letzte Tankstelle vor der Autobahn?*«
»Ich dachte wegen der Toiletten«, sagte er.

Ich sah durchs Fenster, wie der verlorene Sohn unter seiner Motorhaube herumstocherte. Auch er würde anders eingestellt werden müssen. Er würde als Mann heimkehren und doch wieder wie ein Kind behandelt werden wollen. Seine Unabhängigkeit würde durch Fragen wie »Wohin gehst du?« »Wann kommst du heim?« kompromittiert. Ich weiß noch, als er klein war, waren wir einmal zusammen in ein Lebensmittelgeschäft gegangen, und trotz meiner Drohungen hatte er hinaufgegriffen und die Kaugummi-Maschine heruntergerissen: Sie ging kaputt und farbige Kaugummikugeln flogen im ganzen Geschäft umher. Er war zu Tode erschrocken, als ich ihn zornig anfauchte: »Also jetzt langts, Buster! Du kriegst dein Leben lang keine einzige Eiswaffel mehr.«
Tränen stiegen ihm in die Augen, und er suchte verzweifelt in den Gesichtern der Anwesenden nach einem Zeichen von Anteilnahme. Schließlich umschlang er trostsuchend meine Knie. Und ich hatte ihn doch eben noch abgewiesen.

Warum *meine* Knie? Ich war alles, was er im Moment hatte, und er wußte, daß sich hinter all dem Zorn Liebe verbarg.

Liebste Mom, liebster Dad!

Sonnabend, 9 Uhr 15
»Nanu, schau mal, wer schon auf ist!« sagte einer der Jungen. »Unsere Schwester! Was ist denn los! Brennt deine Matratze?«
»Wo ist der Kaffee?«
»Willst du ein Hörnchen! Sie sind uralt.«
»Ich will kein Hörnchen, ich frühstücke nie«, sagte sie müde.
»Weißt du noch, was Mom dir immer gepredigt hat? Die ganze Strecke bis zur Bushaltestelle hat ein Geier über dir gekreist!«
»Was sind das für ekelhafte Frühstücksflocken?«
»Ballaststoffe. Koffeinfrei, kein Zucker, kein Konservierungsmittel, und produziert seine eigene Soße. Wer die Schachteln sammelt, bekommt Usambaraveilchen und ein Kissen Marke Juchheissa für seine Hämorrhoiden.«
»Gott, bist du ordinär«, sagte seine Schwester. »Sieht so aus, als ob Dad immer noch die alten abgestandenen Cornflakes in eine angebrochene Packung schüttet, wenn es keiner sieht.«
»Weißt du noch, wie er ›Knusper‹ und ›Knäuschen‹ und ›Zahnheil‹ ineinandergefüllt hat? Die Milch ist lila geworden.«
»Ach, ich weiß noch genau – damals das große Frühstücksflockenembargo! Keinerlei Frühstücksflocken durften ins Haus, bis alle im Speiseschrank aufgegessen waren. Es brach ein Flocken-Inzest aus, und zum Schluß hatten wir acht Schachteln mehr als zu Anfang.«

»Wo sind Mom und Dad eigentlich?« fragte unsere Tochter.
»Die joggen.«
»Aber der Wagen ist doch weg.«
»Ja glaubst du denn, daß die zum Joggingweg zu Fuß gehen?«
»Ich finde«, sagte ein Sohn, »daß wir zu alt sind für das übliche Weihnachtsfoto, ehrlich.«
»Wieso, was hast du dagegen? Außerdem haben Mom und Dad uns gern daheim. Dann fühlen sie sich wieder jung und unentbehrlich.«
»Hast du das gestern abend gesehen? Sie hat mir ein halbes Glas Milch eingegossen und zu mir gesagt, ich soll nichts verschütten. Diese Frau traut mir noch immer nichts zu.«
»Warum sollte sie?« sagte sein Bruder. »Dein ganzes Leben ist eine einzige Lüge gewesen von da an, wo du all deine Hausaufgaben abgeschrieben hast, um nicht zu spät zum Baseball zu kommen.«
»Du hast's nötig«, attackierte er ihn. »Du hättest Mom in die Schule mitbringen sollen, als man dich erwischte, wie du das Ave Maria während der Messe nur gerülpst hast, und dann hast du in der Schule gesagt, sie sei verreist.«
»Was sollte ich denn machen?« gab er zurück. »Schließlich wollte ich Priester werden und brauchte eine gute Note im Zeugnis.«
»Wenn sie nur die Hälfte von alledem wüßten, was wir als Kinder angestellt haben, hätten sie uns gar nicht groß werden lassen«, sagte seine Schwester.
»Ach, so perfekt waren sie auch nicht«, sagte unser Sohn. »Mom hat uns zum Spielen rausgeschickt, als es 22 Grad unter Null hatte. Sie hat gesagt: Geh ein bißchen an die frische Luft, das wird dir guttun.«
»Und ich weiß mit Sicherheit, daß sie uns vor jeder Reise Beruhigungspillen gegeben und gesagt hat, es seien Vitamine.«

»Kein Wunder, daß ich dann beim Anmalen mit Buntstiften die Umrandungen nicht einhalten konnte.«
»Yeah, aber ihr habt alle *junge* Eltern abgekriegt«, sagte der Jüngste in der Gruppe. »Weil ihr Flaschen alles verblödet habt, waren sie dann mit mir so streng, um nicht den gleichen Fehler zu machen und zu den gleichen Ergebnissen zu kommen. Wie alt, hat sie euch gesagt, war sie, als man ihr erlaubte, den Wagen zu fahren?«
Der Älteste sagte: »Mir hat sie gesagt, sie war einundzwanzig.«
Das mittlere Kind sagte: »Und mir hat sie gesagt, vierundzwanzig.«
Der Jüngste sagte: »Und bei mir wollte sie, daß ich mir die Füße vulkanisieren lasse ...«
»Sprechen wir von der gleichen Mom? Dem schlanken, helläugigen, dunkelhaarigen Mädchen, das mir immer vorlas, Plätzchen backte, meine Babybilder ins Album klebte und viel zu kichern hatte?«
Das mittlere Kind sagte: »Die düsterblickende Wasserstoffblonde, die mich schon nachmittags um 6 Uhr 30 ins Bett stopfen wollte und mir einen Hund kaufte, um Servietten zu sparen?«
Der Jüngste sagte: »Die vorzeitig ergraute Dame, die während der Sechsuhrnachrichten einschläft und mir meine Babybilder zeigen will, wenn sie den Restfilm auf meiner Hochzeit verknipst hat?«
»Und noch was, die beiden gehen gleich nach den Zehnuhrnachrichten schlafen. Meinst du, die sind okay?«
»Ihr Gesellschaftsleben ist ungefähr das von einem Wellensittich, dem man Schlafmittel gegeben hat.«
»Aber du kennst doch Dad! Er haßt Überraschungen. Neulich abends gingen sie aus, da hab ich gehört, wie er Mom fragte: Wird's auch nett für mich? Wer kommt denn alles? Ob ich wohl wach bleibe? Um welche Zeit gehen wir nach Hause?«

»Kürzlich saßen wir abends vor der Glotze, das Telefon klingelte und weißt du, was er da gesagt hat? Er hat gesagt: ›Wer kann denn das um diese Zeit noch sein.‹ Und es war halb neun.«
Darüber dachten sie eine Weile nach, bevor wieder einer sprach.
»Habt ihr euch je gefragt, warum Mom geheiratet hat?«
»Das ist nicht schwer. Sie braucht einen Sklaven ... jemand, der ans Telefon geht, ihr die Strickjacke holt, ihre Brille sucht und alle fünf Minuten den Gartenschlauch anders legt.«
»Und ich dachte, um jemand zu haben, der Speisereste aufißt, die der Hund nicht anrührt.«
»... ich dachte immer, es sei ein Forschungsprogramm und sie wollten die erste New Yorker Socken-Wechselstube einrichten?«
»Du liebe Zeit, das Wasch-und-Trocken-Bermuda-Dreieck! An das habe ich seit Jahren nicht mehr gedacht. In der Waschküche hat Mom ziemlich durchgedreht. Eine Weile hab ich geglaubt, sie hätte sie nicht mehr alle.«
»Meisterin der Statischen Haftkraft! Ich seh sie noch auf allen vieren um die Trockenschleuder kriechen und murmeln: Wenn ein komplettes Paar hineinkam, muß auch ein komplettes Paar wieder herauskommen.«
»Und Dad, weißt du noch? Einmal kam er mit einem Dutzend Paar ladenneuer Socken heim, riß sie auseinander und schleuderte je einen aus jedem Paar durch die Gegend, damit sie sich die Mühe sparen konnte, einen zu verlieren.«
»Einmal hab ich sie gefragt, wo mein anderer Socken hingekommen sein könnte, da hat sie geantwortet: Er ging dahin und lebt nun bei Jesus. Eltern wissen doch für alles eine Antwort.«
»Yeah, jedesmal, wenn Mom sagte: Ich tu das, weil ich dich liebhabe, wußte ich, jetzt wird's beschissen. Wo haben sie nur diese Phrasen her?«

»Du meinst, so was wie: Mir tut es viel weher als dir?«
»Weißt du, was ich glaube«, sagte der Ältere. »Ich glaube, es existiert da ein ganzes Buch, das gibt das Krankenhaus ihnen mit an dem Tag, an dem sie mit dem Baby nach Hause fahren. *Weise Sprüche für Eltern.*«
»Ich weiß noch, wie Mom mir gesagt hat: Wenn du erst groß bist, wirst du mir dankbar sein, daß ich so streng war! Jetzt bin ich groß und bin noch immer sauer wegen damals.«
»Oder wie Dad immer sagt: Junge, ich verstehe dich vielleicht nicht, aber ich will dir gern zuhören. Das sagt er immer, wenn gleich danach kommt: Ich will nichts mehr hören, geh auf dein Zimmer.«
»Und es gibt bestimmt keinen hier im Zimmer, der solch erstklassige Schuldgefühle mit einem einzigen kleinen Satz auslösen kann wie Mom...«
Alle drei sagten im Chor: »Laß nur, ich mach es schon selber.«
»Mein Gott, wie ich das gehaßt habe«, sagte der eine Sohn, »ich hab vielleicht gerade die letzten fünf Sekunden eines irre geilen Fußballspiels angeschaut, mit gleicher Punktzahl für beide Mannschaften und mein Team ist am Ball, da kommt Mom und sagt: ›Könntest du mir das Glas Essiggurken aufschrauben‹, und anderthalb Sekunden später sagt sie ›Laß nur, ich mach es selber‹.«
»War das damals, wo sie das Hackmesser und das Nudelholz genommen hat, um das Glas aufzukriegen und nachher mit sechs Stichen an der Hand genäht werden mußte?«
»Mein Gott, die versteht es wirklich, aufopferungswilliger zu scheinen als Jeanne d'Arc, die heilige Theresa und tausend in den Wehen liegende Frauen.«
»He, beurteilen wir die beiden nicht ein bißchen hart?« fragte die Schwester. »Kannst du wirklich dasitzen und

behaupten, dir täte nicht das eine oder andere leid, was du angestellt hast?«

»Ach, jetzt geht das wieder los, die Geschichte, daß ich meine Goldfische hinter die Kommode geworfen hab und kein Wort gesagt, und Mom hat dem Kammerjäger 60 Dollar zahlen müssen, weil irgendwas roch.«

»Als Anfang ist das schon ganz gut«, sagte sie. »Und wie ist es mit damals, wo du die ganze Nacht den Grill auf der Gartenveranda hast brennen lassen, und am nächsten Morgen hatten wir keine Gartenveranda mehr.«

»Ich habe immer gemeint, wegen diesem Trick bringen die mich bestimmt in eine Anstalt«, sagte der Jüngste.

»Ich glaub, Mom ist fünfzehn Jahre gealtert das Mal, wo du vom Dach gesprungen bist, mit ihrem Geschirrtuch um die Schultern, und behauptet hast, du seist *Superman*.«

»Erinnerst du dich«, sagte einer der Jungen, »als unsere Schwester an der Lippe genäht werden mußte, weil sie einen Jungen mit Zahnspangen geküßt hatte, und Mom hat sie erzählt, sie sei in ihren Garderobenschrank gefallen!«

»Mom und Dad haben eine unheimliche Gabe: Sie wissen, was man macht, wenn sie es nicht sehen und nicht hören, und was man meint, auch wenn man nichts sagt.«

»Weißt du was«, sagte ein Sohn, »da gibt man sich ein Leben lang Mühe, es ihnen recht zu machen, und gerade wenn man meint, das zu sein, was sie sich wünschen, ziehen sie am Faden und erwürgen einen fast. Aber alles in allem sind sie schon okay.«

»A propos erwürgen, habe ich euch erzählt, daß ich wieder nach Hause ziehe?« sagte unser Sohn.

»Na, dann ist Moms Weihnachten ja bestimmt gerettet. Wie ich sie kenne, ist sie außer sich vor Begeisterung«, sagte unsere Tochter. »Sie ist die Mutter Erde in Person.«

»Ja, ich glaube auch, daß sie beide einigermaßen platt waren. Keiner von ihnen brachte ein Wort heraus.«
»Die Idee ist gar nicht so schlecht. Die brauchen wirklich jemand, der ein Auge auf sie hat. Hast du gemerkt, daß sie Sätze nur noch zu zweit zu Ende sprechen können?«
»Das ist nicht neu. Mom war immer ein bißchen schusselig. Weißt du noch, wie wir klein waren? Wir waren nur drei, und trotzdem hat sie nie so recht gewußt, mit wem von uns sie gerade redet. Sie hat alle Namen durchprobiert, bis sie zufällig auf den richtigen stieß.«
»Yeah«, sagte der eine Sohn. »Sie hat zu mir gesagt ›Wie lang soll ich dich denn noch rufen, ehe du antwortest?‹ und dann hab ich gesagt ›Bis du's triffst.‹ Und wenn sie dann endlich beim richtigen Namen war, wußte sie nicht mehr, wozu sie mich hatte rufen wollen.«
»Ich hab irgendwo gelesen, daß man nach 35 jeden Tag ungefähr 100 000 Gehirnzellen verliert.«
»Und was bedeutet das?«
»Das bedeutet, daß das Kontrollämpchen bei ihnen jeden Tag weniger hell brennt, der Lift zu weniger Stockwerken fährt und es länger dauert, bis der Topf kocht.«
»Mann, das ist vielleicht ein Hammer!«
»Nach einer Weile werden sie zu zweit sein müssen, um eine Parkuhr zu bedienen.«
»Sie werden wahrscheinlich einen von uns rufen, wir sollen rüberkommen und am Autoradio die richtige Station einstellen.«
»Möglicherweise finden wir sie auch eines Tages auf dem Küchenboden, bewußtlos, nach einer Überdosis Cornflakes.« »Irgendwie traurig, was? Es waren mal so lebendige, temperamentvolle Menschen.«
»Tja, das ist nun mal nicht anders. Du kommst zur Welt, lebst, und eines Tages kriegt die Wellenlinie auf dem Monitor neben deinem Bett einen Summton und alles wird schwarz.«

Es entstand eine lange Pause. Schließlich sagte unsere Tochter: »Ihr müßt das so sehen: Mom und Dad haben ein langes, produktives Leben gehabt.«
»Yeah«, fügte ihr Bruder hinzu, »und eines Tages sind wir die Vierziger.«

Eine Familie, die miteinander spielt ...
sollte das lieber lassen

Ich, in meinem knallrosa Jogginganzug zu 45 Dollar, warf mich gegen einen Baumstamm und dehnte meine Achillessehnen, die in einem Paar Joggingschuhen zu 80 Dollar endeten. Dann zog ich das gelbe Stirnband zu 12 Dollar ab, wischte mir den Designer-Schweiß von der Stirn und ächzte.
Ein atemloser Ehemann gesellte sich zu mir.
»Wieso hast du mich beim Rückweg geschlagen?« keuchte er. »Auf dem Weg habe ich dich nicht gesehen. Als ich dich das letzte Mal überholte, hast du gerade dein Schuhband gebunden.«
Es war das ein Trick, den er nie durchschaute. Vier Monate lang startete ich täglich mit ihm auf dem Joggingpfad, lief ungefähr zwanzig Meter und blieb dann stehen, um mir den Schuh zuzubinden. Danach trödelte und redete ich nur noch.
Mein ganzes Leben änderte sich. Wenn Leute hörten, daß ich »lief«, fingen sie an, mich für mein gesundes Aussehen zu loben und dafür, wieviel ich schon abgenommen hätte.
Völlig Fremde traten an mich heran und fragten, ob ich am Sonntag eine Zehnkilometertour mitlaufen würde. Außerdem tat es meinem hormonellen Gleichgewicht gut, daß einer schwer atmend hinter mir herlief. Diese Art von Erregung gibt es nicht im Laden zu kaufen.

Nun saß ich im Gras und sah zu, wie mein Mann die Abkühl-Übungen machte.
»Ich hatte gedacht, heute stießen vielleicht unsere Kinder zu uns«, sagte er.
»Bist du wahnsinnig? Unsere Tochter hält Cellulitis für eine Hautcreme, und das einzige, was bei deinen Söhnen je den Pulsschlag beschleunigt hat, war deine Mitteilung damals, daß sie mit dem Bus statt mit dem Wagen zur Schule fahren müssen.«
»Nun hör mal«, sagte er, »du hörst dich ja an, als ob sie eine Horde Sofahocker wären. In der Highschool haben sie immer zu den Athleten gehört, weißt du noch?«
Wie hätte ich die Athletenbanketts je vergessen können, bei denen ich saß und von Söhnen hörte, die ich nie gekannt hatte. Wer waren die rätselhaften Wesen, die daheim in einem Dämmerzustand dahinvegetierten und auf dem Campus springlebendig wurden?
Wie betäubt sah ich eines Abends den Trainer den Arm um den Hals unseres Sohnes legen und hörte ihn einer Menschenmenge verkünden: »Dieser Junge ist vermutlich einer der besten Sprinter, die ich in meiner Laufbahn hier an der South High betreut habe. Haltet euch fest, Leute, der Bursche hat heute einen neuen Schulrekord aufgestellt: Er ist die 90 Meter in 9,9 gelaufen.«
Alles klatschte und erhob sich.
9,9? Ich nahm an, es handelte sich um neun Tage neun Stunden. Einmal hatte ich ihn gebeten, den Müll zur Tonne hinauszuschaffen, und er ließ ihn so lange unter dem Ausguß stehen, bis er zur Buchstütze wurde.
Und in der Anerkennungsrede für einen anderen Sohn sagte der Trainer: »Ich weiß wirklich nicht, was aus unserem Baseballteam geworden wäre, ohne den Schwung dieses Jungen hier. Wir haben schon Plauderer im Team gehabt, die wußten, wie man die Jungens motiviert, aber der hier ist ein Zuredner von Weltklasse. Kaum ein

Moment, in dem er nicht was weiß, um das Team anzufeuern, wenn es *down* ist.«
Unser Sohn lächelte verlegen und senkte den Kopf.
Hatte ich »Plauderer« gehört? Und das von einem Kind, das pro Woche nur fünf Worte zu mir sagte: »Wann fährst du zum Supermarkt?«
Ich muß mindestens ein Dutzend solcher Bankette ausgesessen und mir angehört haben, wie der Trainer unserem Jungen eine Belobigung überreichte, weil er so fair und höflich auf dem Tennisplatz war. Durch puren Zufall war es der gleiche, der am Vortag seinem Bruder die Nase zerdroschen hatte, weil der ihm ein Plattenalbum aus dem Zimmer »geklaut« hatte.
Wie betäubt hörte ich verkünden, daß eines unserer Kinder einen acht Pfund schweren Ball über eine Entfernung von 33 Meter werfen konnte. Eine nur anderthalbpfündige Sonntagsausgabe konnte er auf seiner Zeitungsrunde nicht vom Rad aus bis auf die Veranda werfen.
»Du hast wohl vergessen, daß dein Sohn einen Preis bekam für das Aufheben nasser Handtücher und Anzüge eines ganzen Teams? Zu Hause konnte er nicht mal seine eigenen Füße aufheben.«
»Aber du weißt doch, wie die Jungen sind«, sagte er. »Sie sind gespaltene Persönlichkeiten. Eine für zu Hause und eine zum Herzeigen. Wir haben es gut. Du und ich, wir haben die gleichen Interessen, die gleichen Wertmaßstäbe, den gleichen Respekt voreinander. Deshalb sind wir doch ein so gutes Team. Wir arbeiten gut zusammen und wir spielen gut miteinander.« Das ist die Höhe! Zeigt mir eine Frau, die mit ihrem Mann *Trivial Pursuit* spielt, und ich zeige ihr die Bar für Singles!
Mein Mann hatte schon ein ironisches Grinsen, wenn er zum ersten Mal würfelte und dann die Frage las: »Wie viele Sterne hat der Gürtel des Orion?«
Die ganze Familie steckte über dem Trivial-Pursuit-Brett

die Köpfe zusammen, wieherte und stieß sich gegenseitig an.
»Das weiß sie nicht«, sagte mein Vater. »Gib mal den Würfel.«
»Woher weißt du, daß ich das nicht weiß«, sagte ich gekränkt.
»Mom«, sagte mein Sohn, »jemand, der nicht weiß, welcher Schokoriegel in Hershey, Pennsylvanien hergestellt wird, kann unmöglich wissen, wie viele Sterne der Gürtel des Orion hat.«
»Das hast du aber deiner Großmutter nicht gesagt, als du sie fragtest, welches die größte Drüse des menschlichen Körpers ist.«
»Ich wußte, es ist die Leber«, sagte Mutter.
»Das hat sie geraten«, sagte ich vorwurfsvoll.
»O nein«, sagte Vater, »sie hat nur an ihren Bruder gedacht.«
»Ich finde diese Bemerkung geschmacklos«, sagte Großmama.
»Gebt Mom doch noch eine Chance«, sagte meine Tochter. »Fragen aus Wissenschaft und Literatur sind schwer.«
»Weißt du jetzt die Antwort oder nicht?«
»Wie viele Sterne in Joan Collins' Gürtel sind, wird sie bestimmt wissen«, sagte mein Mann.
Dann wurde der Würfel weitergegeben.
Bildete ich es mir nur ein oder formte sich in mir allmählich der Wunsch, Nonne geworden zu sein? Manchmal war mein Mann der netteste Mensch auf der Welt. Und manchmal wieder gab er mir zu verstehen, durch das häusliche Einerlei seien meine Gehirnfunktionen atrophiert.
Nie vergesse ich, wie er vor ein paar Jahren auf unserer Spanienreise war. Wir saßen am Stand wie zwei aus einem idyllischen Film. Mein Mann fischte, ich stickte Petitpoint.

Als wir etwas über die Felsen krabbeln hörten, drehten wir uns um. Eine Badende – splitternackt – strebte dem Wasser zu. Ganze fünf Minuten lang erstarrten mein Mann und ich zu Salzsäulen.

Sie ging zum Ufer und trat vorsichtig auf, um sich nicht an einer Felskante zu stoßen. Einmal räusperte sich mein Mann, und ich dachte schon, jetzt würde er etwas sagen, aber er tat es nicht.

Schließlich tauchte sie ins Wasser und schwamm etwa 25 Meter weit hinaus zu einem Felsen und streckte sich dort in die Sonne.

Mein Mann drehte sich zu mir um und sagte: »Hast du das gesehen? Sie hatte keine Schuhe an. Auf diesen scharfen Kanten hätte sie sich die Füße total zerfetzen können.«

»Du bist doch wirklich nicht mehr normal! Da kommt irgendso ein Flittchen daher, drängt sich auf unseren Badeplatz, und das einzige, was du siehst, sind ihre empfindlichen Füße.«

»Woher willst du wissen, daß es ein Flittchen ist?« fragte er. »Sie sieht aus, als sei sie ein netter Mensch.«

»Sie hat die Intelligenz einer Küchenmaschine!«

»Auch das weißt du nicht«, fauchte er mich an.

»Wenn man im Salzwasser sein silbernes Knöchelkettchen anläßt, ist man nicht allzu helle.«

»Nun, sie stammt deutlich aus einer guten Familie. Militär vermutlich.«

»Wie kommst du denn darauf?«

»Ihre Haltung«, sagte er, »ist fabelhaft.«

»Unglaublich, wie naiv du bist. Möchtest du vielleicht, daß dein Sohn jemanden heiratet, der auf der Hüfte eine Ente eintätowiert hat?«

»Es war keine Ente, es war ein Familienwappen.«

»Sicher. Und Prinz Charles hat zwei Löwen auf dem Bizeps eintätowiert. Warum bist du so dickköpfig wegen dieses durchgefallenen Rock-Festival-Stars?«

»Und warum bist du so giftig in deinem Urteil über einen Menschen, den du nie in Kleidern gesehen hast? Ich wäre ehrlich gesagt froh, sie in unserer Familie zu begrüßen.«
»Wenn sie in diese Familie tritt, gehe ich«, sagte ich und stopfte die Stickerei in den Beutel.
»Soll das ein Ultimatum sein?«
»Darauf kannst du deinen Kopf verwetten. Hoffentlich wirst du mit deiner Doktorin Ruth da draußen recht glücklich!«
In diesem Augenblick sprang ein nackter Badender, der nichts trug als seinen Ehering, ins Wasser und gesellte sich zu unserer Nymphe auf dem Felsen.
»Na, der da ist doch wirklich ein Ekelpaket«, sagte mein Mann.
»Ich weiß nicht recht«, sagte ich. »Mir kommt er vor wie jemand, der manchmal sehr nett zu seiner Mutter ist.«
Mir fuhren noch ein paar Varianten des hier vorliegenden Spiels durch den Kopf.
Wie mein Vater meiner Mutter vorwarf, sie wisse zwar noch genau, wer aus der großen Talentkonkurrenz von 1953 als Miß Amerika hervorging, denke aber leider nie daran, seine Hemden zu stärken.
Wie mein Mann unserem Sohn vorwarf, er wisse zwar, wieviel ein berühmter Plattenstar verdient habe, aber nie fiele ihm ein, daß mal wieder Motoröl nachgefüllt werden müsse.
Wie meine Tochter sagte, wenn ihr Bruder sie nicht bald ans Telefon ließe, weil sie dringend jemand anrufen müßte, würde sie sein Gesicht ganz neu gestalten, und wie Mutter total abwesend war, weil sie gerade grübelte, wer damals in *Gone with the Wind* die Rolle von Melanies Baby gespielt hatte.
Ich kam zu der Erkenntnis, daß Familienmitglieder einander keine wirklichen Verbündeten sind. Sie kennen

keine Verträge, die sich auf Ehre oder Treue gründen. Der, dem man sich anvertraut hat, wird getrost »singen wie ein Kanarienvogel«. Ein treuer Gefolgsmann und Förderer kann einem den Rücken kehren und zum Gegner werden. Derselbe Mann, der einem bei der Geburt des ersten Kindes für die Dauer sechzehnstündiger Wehen zärtlich die Hand gehalten hat, brummt einem ohne ein Zeichen des Bedauerns die Rechnung für einen Blechschaden über 3 500 Dollar auf.

»Also ich weiß nur das eine«, sagte ich lächelnd, »das Laufen hat mir eine Energie geschenkt, die ich nie zuvor besaß. Selbst wenn ich an der Schallmauer anstoße, weiß ich doch, ich kann weitermachen.«
»Was für eine Mauer soll das sein?« fragte er.
»Du weißt schon, dieser imaginäre Punkt, an dem die Beine sich anfühlen wie Blei, das Herz beinahe zerspringt, die Kehle trocken ist, das Gehirn nicht mehr den Körper dirigiert und sämtliche Systeme auf Automatik geschaltet sind. Es hat sogar Augenblicke gegeben, wo ich nicht mehr wußte, was ich tat.«
»Du hast dir den Schuh zugebunden«, sagte er.
»Wie bitte?«
»Ich habe dich beobachtet. Immer wenn du an diesem imaginären Punkt ankommst, und das dauert ungefähr fünf Minuten, bleibst du stehen und bindest dir das Schuhband.«
Er wußte es also.
»Was hat mich verraten?« fragte ich.
»Niemand joggt mit Handtasche.«

Weihnachten wie Anno dazumal

Sonnabend, 11 Uhr 05
»Ich brauche das Telefon«, sagte ich und schaute nervös auf die Uhr.
Meine Tochter sah mich angewidert an, verabschiedete sich und hängte auf.
»Was ist denn so dringend?«
»Ich rufe Großmama jeden Tag um 11 Uhr an. Es dauert nur zwölf Sekunden, du kannst dich darauf verlassen«, sagte ich beim Wählen.
»Mutter, wie ...«
Großmama: »Fieber unten, Erkältung weg. Sofortige Erleichterung. Und du?«
»Nur noch ein Schlafz. zu machen. Gehst du weg?«
Großmama: »Ja.«
»Und Dad?«
Großmama: »Eins plus, eins minus. Reparaturmann schon dagewesen?«
»Negativ.«
Großmama: »Hab am Mo. von B. R. gehört.«
»Wer ist B. R.?«
Großmama: »Brief folgt. Das kostet dich sonst ein Vermögen. Liebe dich.«
»Dito.«
Als ich einhängte, sagte meine Tochter: »Das ist das unglaublichste Gespräch, das ich in meinem Leben gehört habe. Weshalb pressiert es denn so?«
»Seit dem Tag, an dem Großmama herausbekommen hat, daß es 12 Cents die Minute kostet, mich anzurufen, spricht sie wie ein Inserat unter ›Kaufgesuche‹.«
»Und du rufst sie jeden Tag an?« fragte sie ungläubig.
»Was habt ihr euch denn nur mitzuteilen?«
Seine Mutter anzurufen ist ein Phänomen, das nur wenige verstehen, – es sei denn, es sind Töchter. Das Bedürfnis

nach Kontakt mit der Mutter entwickelt sich an dem Tag, an dem man von der Hochzeitsreise zurückkehrt. Ich kann ehrlich sagen, ich habe Mutter überhaupt nicht gekannt, bis sie als Telefonseelsorge in unser Leben trat. Es bedurfte eines täglichen Anrufs, um zu erfahren, daß das Geheimnis ihrer Pastetenkrusten aus einer Packung im Supermarkt stammte. Weil es ihr zufällig einmal herausrutschte, erfuhr ich, daß sie ihre Brieftasche im Gemüsefach des Kühlschranks aufbewahrte, weil ja sowieso nur miese Dosennahrungsfresser in Häuser einbrechen und dann bestimmt nie unter dem Salat nachschauen.

Eines Tages überraschte sie mich mit der Feststellung, wie sehr ihr das Geküsse im Fernsehen auf die Nerven ginge. Sie meinte, so ein Paar sähe doch immer aus, als bisse es bei einem Schinkenbrot in den Fettrand und bemühe sich, ihn loszuwerden.

Ein andermal gestand sie mir, daß sie mich im Alter von sechs Monaten nach dem Baden hatte vom Wickeltisch fallen lassen. Sie habe es nie jemandem erzählt, um nicht schuld zu sein, falls es sich herausstellte, daß ich nicht ganz richtig im Kopf wäre.

»Großmama ist eine großartige Person«, stellte meine Tochter fest. »Am deutlichsten werde ich wahrscheinlich immer ihre Osterfeste in Erinnerung behalten! Weißt du noch, wie sie uns einen Kuchen in Form eines Lamms gebacken hat, mit einem Fell aus Kokosnußraspel und mit Augen aus Geleebonbons? Ach, und die mit Sahne gefüllten Eier, die dreimal so groß waren wie wir?«

»Du warst noch wochenlang so rund wie ein Gummiball«, lächelte ich. »Und dann hat sie angefangen, nur noch hartgekochte Eier zu verstecken.«

»Und nach einer Weile wußte sie nicht mehr so genau, wo sie sie versteckt hatte, und ungefähr im Juli oder August, wenn Großpapa den Rasen mähte und dabei ein drei

Monate altes Ei zermahlte, stank es wie eine Jauchegrube. Das war Großmamas große Stunde.«
»Ich bin anderer Meinung. Großmamas große Stunde war die Schachtelparade an Weihnachten.«
»Hebt sie denn immer noch jedes Jahr alle auf?«
»Du solltest das nicht fragen«, sagte ich, »die du voriges Jahr einen Ring in der Hülle eines Rektalthermometers gekriegt hast.«
»Wo stapelt sie sie bloß alle?«
»Du hast sie doch an Weihnachten erlebt: sie ist wie ein Minensuchboot! Kaum ist das Papier vom Geschenk herunter, da windet sie schon das Band um den Finger und glättet die zerknitterten Seidenpapiere. Und dann steckt sie die Schachteln ineinander wie die russischen Holzpuppen, nimmt sie mit heim, ordnet sie in ihrem Schrank nach der Größe und wartet darauf, daß wir Nichtschachtelaufheber betteln kommen.«
»Also den Schrank solltest du mal sehen – wenn Tutenchamuns Mutter ein Grabmal hätte – *so* wäre es! Einen solchen Schachtelhamster hast du noch nie erlebt. Einmal wollte ich an Weihnachten eine Schachtel von ihr borgen, doch da erinnerte sie mich daran, ich hätte voriges Jahr einen Wollteppich hineingepfercht und dadurch die Seiten herausgebrochen. Ich hab gesagt: Mutter, ich *bitte* dich ... und dann hat sie mir eine aus dem Fach gegeben und gesagt: Laß mich wissen, wann sie geöffnet wird, damit ich dabei sein kann.«
»Redet ihr von Großmama?« fragte unser Sohn und trat zu uns.
»Hmmm, irgendwann müssen wir uns mal zusammensetzen und überlegen, was wir an Weihnachten machen.«
»Was gibt's da zu überlegen«, sagte meine Tochter. »Wir kommen alle am Weihnachtsabend heim, schmücken den Baum, öffnen die Geschenke, essen uns halb bewußtlos, und dann ist es vorbei.«

»Moment mal«, sagte ihr Bruder, »sag mir bloß nicht, daß Mom nicht wieder mal ein ›Weihnachten wie Anno dazumal‹ plant.«

Ich versuchte mitzulachen, aber das Lachen blieb mir im Halse stecken.

»Gib's schon zu, Mom«, sagte meine Tochter, »das war wohl nicht nur die dümmste Idee, die du je hattest, sondern auch das schlimmste Weihnachten in der Geschichte unserer Familienfeste.«

Ich wußte noch, wie diese Idee angefangen hatte, sich abzuzeichnen...

Es war Weihnachtsabend 1979 gewesen. Ich stand unter dem Baum und hatte eben ein Päckchen geöffnet, das sechs Krabbengabeln enthielt. Harry hatte sie mir geschenkt. Harry war unser Hund. Mein Mann saß halbverglast in einem Sessel und sah im Fernsehen »Kegeln um Bier«. Lametta hing ihm von den Ohren, und ein Lichtkranz glänzte um seinen Kopf. Wir hatten beschlossen, ihn bis Neujahr so geschmückt zu lassen, ehe wir ihn plünderten.

Ein elektrisches Vögelchen, das wir an die Steckdose angeschlossen hatten, um sein munteres Zwitschern zu hören, piepste alle drei Sekunden. Ich packte es am Hals und versuchte es zu erwürgen. Draußen auf dem verschneiten Hügel fuhren die Kinder in leeren Pappkartons Schlitten. Die neuen Schlitten standen unter dem Weihnachtsbaum.

Ich fragte mich: Ist das nun das ganze Weihnachten? Ist Santa Claus ein jahreszeitlich bedingter Straßenhändler, der im Hubschrauber kommt, Katzenfutter verkauft, im Supermarkt Kostproben verteilt und den über Fünfundfünfzigjährigen eine Versicherung ohne ärztliche Untersuchung andreht?

Besteht der Kontakt zu Freunden nur mehr in dem alljährlich hingequälten Weihnachtsbrief? Muß ich unbedingt erfahren, daß Elrod schon mit drei Wochen nachts trocken blieb, oder daß Estelles neunzigjähriger Vater während des Abendessens plötzlich in ihren Armen gestorben war?

Und was war mit den Anhängern der Fruitcake, die jeden Dezember aus dem Gebälk krochen, anderen einen neunzigpfündige Ziegel aus Trockenfrüchten in die Hand drückten, gen Himmel blickten und ein Halleluja anstimmten?

Kümmerte es wen auch immer, daß wir uns zu Puppenlappen zerwerkelten, um mitzuhalten mit dem Lehrer für Werkunterricht in Holz, der einen riesigen Schlitten auf sein Dach hißte, fünfzigtausend Lämpchen rings ums Haus installierte und in den Elfuhrnachrichten im Fernsehen gezeigt wurde, weil sich von der Autobahn ab die Wagen bei ihm stauten?

Wie weit würden wir noch gehen bei unserer Opferung an die Göttin der Habgier? Wir Eltern sind ja solche Trottel! Jedes Jahr versammeln wir unsere Kinder um unsere Knie und fragen: »Und was wünschst du dir zu Weihnachten, Liebling?«

Und so ein Zwerg, der noch keine Kontrolle über seine Blase hat, noch nicht allein essen und noch nicht beide Augen auf den gleichen Punkt konzentrieren kann, sagt klar und deutlich:

»Ich wünsch mir ein Piratenschiff, Katalog Nr. 90 456 aus nontoxischem superkonstruiertem Balsaholz, einen vollaufgetakelten Zweimaster mit vierzehn Mann Besatzung, einem Dinghi, einer Schatzkiste, Kanonen, verstellbaren Segeln, funktionierendem Anker, Drehkran und Ausguck, Gesamtkosten 185 Dollar. Laß dir ja keinen Ersatz andrehen. Das für deinen Stadtteil zuständige Geschäft findest du im Fernsehen Kanal 4 angezeigt.«

Ich weiß noch ein Jahr, da waren all meine Freundinnen damit beschäftigt, sich für ein Ziel einzusetzen. Für den

Frieden. Dafür, daß Amerika wieder vertrauenswürdig wird. Wissen Sie, welches Ziel ich hatte? Eine Puppe für meine Tochter zu finden, die Milch trank, Bäuerchen machte, die Augen rollte, sagte: »Bin müde!« und etwas sehr Widerliches in der Windel ablagerte.

Wenn unsere Kinder sprechen, hören wir zu. Wenn sie weinen, lassen wir im Wagen den Motor an. Wenn sie uns drohen, mit atmen aufzuhören, sabbern wir, es wächst uns ein Fell und wir werden wilde Tiere.

Ich habe es satt, in schrägen Boutiquen nach Geschenken für meine Teenager zu stöbern – als einziger Kunde, der Schuhe trägt. Ich habe es satt, halbbetäubt von Weihrauchstäbchen bedient zu werden von einem Knilch mit Ring in der Nase, auf dessen Zunge eine Schlange eintätowiert ist.

Ich packte eine Faust voller Lametta, hielt es in die Höhe und rief: »Bei allem, was mir heilig ist, ich werde nie wieder ein Weihnachten feiern, nur weil Weihnachten ist.«

Als Weihnachten das nächste Mal anstand, war ich darauf vorbereitet.

»Wenn wir Weihnachten auf die Hütte gehen, wird es einfach herrlich«, sagte ich zu meinem Mann. »Wir können alles selber backen, bei Kerzenlicht leben, uns am offenen Feuer wärmen und was wir nicht haben, ganz einfach weglassen.«

»Du hast eben die Rezession beschrieben«, sagte er trocken.

»Nein, ich habe aber das Weihnachten aus ›Die Waltons‹ beschrieben«, sagte ich. »Und denk nur, wie lange die Serie gelaufen ist. Was hat sie denn so besonderes gehabt? Daß sie nichts gekauft haben. Jedes Geschenk, das sie füreinander hatten, war mit Liebe und selbstgekochtem Leim angefertigt. Ich wette, auch in unserer Familie steckt noch eine Menge bis dato unentdeckter Kreativi-

tät. Jedes zu Weihnachten ausgetauschte Geschenk wird von liebevoller Hand hergestellt sein. Sobald wir in der Hütte ankommen, werde ich durch den Wald wandern, Walnüsse sammeln und Fruitcake backen.«
»Aber Fruitcake kannst du doch nicht ausstehen?«
»Nun, wenn sie keiner ißt, können wir sie immer noch zur Erweiterung des Innenhofpflasters verwenden.«
Nichts konnte mein begeistertes Vorhaben dämpfen, ein nichtkommerzielles Weihnachten wie im schönen Einst abzuziehen, an das meine Familie für den Rest ihres Lebens denken würde. Theoretisch hätte es auch klappen müssen. Ich schickte die Jungen hinaus, um einen lebendigen Christbaum unweit der Hütte umzuhauen, und ging daran, herrliche Weihnachtsdüfte aus der Küche zu entsenden.
Meine Mutter kippte ein Glas Gelee in einen Kochtopf. Gefragt warum, sagte sie, sie brauchte das Glas für Leim, um Garn um einen Federhalter zu kleben. Sie erinnerte mich auch daran, daß das Gelee 1 Dollar 19, das Garn 1 Dollar 50 und der Leim 2 Dollar kostete und daß sie dafür ein goldplatiertes Füllerset bei Bloomingdales bekommen hätte.
Eines der Kinder strebte ins Badezimmer mit einer Tüte Bindfaden und einem Buch »Anleitung für Macraméarbeiten«.
Die Jungen waren in Null komma nichts wieder da – im Auto eines Sheriffs. Sie hatten keine Erlaubnis, Bäume zu fällen. Das Gute daran war, daß sie nur mit einer Brotsäge bewaffnet gewesen und dadurch vom Waldhüter nicht ernstgenommen worden waren.
Düfte begannen sich in der Küche zu verbreiten, Düfte nach nasser Farbe und Leim von unfertigen Geschenken. Ich schickte die Jungen in die Stadt, einen Baum zu kaufen, und ging daran, die Hütte ganz altmodisch zu schmücken. Den Kamin mit Pinienzapfen und auf dem

Baum vor dem Fenster ein paar Vögelchen, die ich bei Woolworth gekauft hatte. Ich goß Wachs in Milchpakkungen, um Kerzen zu formen, und röstete Popcorn und fädelte es auf, als Dekoration für den Baum.
Die Jungen kamen mit einem Baum heim, der sehr übel aussah. Er hatte keine einzige »gute Seite«. Wir versuchten aus Leim und Wasser künstlichen Schnee zu machen und warfen ihn schließlich in Klümpchen auf die Zweige.
Es sah aus wie eine Bedürfnisanstalt für Möwen. Meine Familie aß das ganze Popcorn auf, ehe ich es auffädeln konnte.
Ich entzündete die selbstgemachten Kerzen, die schon geschmolzen waren, ehe ich das Essen auf dem Tisch hatte. Mein Mann bekam das Kaminfeuer nicht in Gang. Er ließ den Hut herumgehen und bettelte um Führerscheine und Blankoschecks als Fidibusse.
Der Hund fraß einen Pinienzapfen und erbrach sich.
Es fing an zu regnen, und die Vögelchen, die ich draußen auf den Baum gesetzt hatte, begannen sich aufzulösen. Es sah aus, als quöllen ihnen die Eingeweide heraus. Ein festlicher Anblick war es nicht.
Ich kann mich auch nicht erinnern, daß die Kinder der Waltons mit laufendem Motor bis Mitternacht draußen im Wagen gesessen und Rockmusik gehört hätten, wobei die Batterie leerlief.
Es schien der ärgste Weihnachtsabend unseres Lebens zu sein. Und ich hatte doch nur »Glocken mit himmlischem Klang« hören wollen, wie der kleine Junge in der klassischen Geschichte, der Königen und Reichen nachlief. Sie legten Gaben auf den Altar, damit die Weihnachtsglocken läuteten. Doch sie schwiegen, bis er seinen Mantel auszog und auf den Altar legte, weil das alles war, was er zu geben hatte. Es war schon lange her, daß ich die Glocken hatte läuten hören.
Am Weihnachtsmorgen ganz früh ging ich auf Zehenspit-

zen ins Wohnzimmer. Der Kamin war dunkel und kalt. Der Baum entglitt uns bereits mehr und mehr. Die Geschenke waren eine wirre Masse ungeschickt eingewickelter Päckchen ... einige in Zeitungspapier, einige in Plastiktüten.
Die Familie sammelte sich und nahm ihre Plätze auf dem Fußboden und auf dem Sofa ein.
Das erste Geschenk, das wir auspackten, war von meinem Mann an einen seiner Söhne, der Lehrer werden wollte. Es war eine Abschrift seiner Doktorarbeit. Sie hatte ihn ein Jahr Zeit gekostet. Meine Mutter hatte ein Bild der Hütte auf eine Holzscheibe gemalt. Sie hatte erst voriges Jahr mit dem Malkurs angefangen. Es gab ein selbstgebasteltes Vogelhäuschen, Bilderrahmen beklebt mit Makkaroni, gehäkelte Pantoffel und ein Tonband von unserem Thanksgiving-Dinner, das irgend jemand aufgenommen hatte. Es gab geknackte Nüsse, Kissen, Puppen mit Haar aus Wollresten. Und wer könnte je den hochdramatischen Augenblick vergessen, als mein Sohn aus dem Badezimmer kam, das Macramégerät in beiden Händen, und nicht loslassen konnte, weil er nicht wußte, wie man die Arbeit beendet.
Dann kamen die anderen Kinder mit je einem Stück selbstgebastelten Christbaumschmuck. Eine Weihnachtsbirne aus Plätzchenteig ... ein Styropor-Apfel mit herausschauendem Gummiwurm, und eine kleine runde, blecherne Tortenform, geschmückt mit Bändchen und einem innen aufgeklebten Bild der Muttergottes mit Christkind. Als sie sie an den Baum hängten, wurden seine Zweige auf wunderbare Weise dichter und aus dem Nichts schienen Hunderte von Lichtern an ihm zu funkeln. Das Feuer im Kamin erholte sich und brannte plötzlich heller, die Kerzen bekamen ein zweites Leben und begannen zu strahlen. Eine Sekunde lang – nur eine einzige Sekunde – hatten wir nicht nur etwas wiedergefunden, das wir ver-

loren zu haben glaubten ... sondern ich hörte sogar die Weihnachtsglocken.

Die Uhr im Wohnzimmer holte mich in die Realität zurück. Es war zwölf Uhr mittag.
»Nicht zu glauben, Mom hat noch immer diese blöden kleinen Christbaumdinger, die wir ihr gemacht haben«, sagte meine Tochter.
»Und rate mal, wessen Schmuck sie als erstes aufhängt?« fragte mein Sohn. »Das kleine Tortenblech mit der eingeklebten Muttergottes, jawohl, genau das. Jedes Jahr kommt das Beste als erstes dran.«
»Hör dir den an«, sagte sein Bruder, »vor ein paar Jahren warst du nicht der erste. Wer Weihnachten nicht nach Hause fährt, kriegt auch keinen Platz am Baum.«
»Das stimmt«, sagte sein Bruder. »Damals war ich im Friedenscorps. Wie lang ist das denn her?«
Es war zwei Jahre her und genau damals war das ärgste Weihnachten gewesen, das wir jemals feierten. Wir waren zusammen – aber eben nicht alle.
Meine Gefühle waren gemischt und verwirrten mich. Hatten wir nicht alles gut gemacht? Ihm die Zähne regulieren, seinen Bruch operieren lassen? Seinen Körper voller Vitamine gepumpt? Hatten wir ihn nicht gelehrt, rückwärts einzuparken, sich die Füße abzutreten, den Klodeckel zu schließen, die Spülung zu ziehen, ordentlich zu essen und sein Bett selber zu machen? Wir gaben ihm Raum zum Atmen, lächelten immer dann, wenn es angebracht war, verschluckten Ratschläge, die uns wie Klumpen im Halse steckten, und unterließen es, ihm Schuldgefühle einzuflößen.
Als er uns am Flughafen zurückließ, nahm er Abschied, als habe er eine falsche Nummer am Telefon gewählt.
»Mach dir keine Sorgen, Mom. Sich sorgen staut Wasser im Körper.«

Wir hatten alles richtig gemacht. Wir ermutigten unsere Kinder, die Verantwortung für ihre Erfolge und ihre Niederlagen zu übernehmen, ihre Unabhängigkeit zu entwickeln und ihr eigenes Leben zu leben. Warum also fühlten wir uns so miserabel, wenn Weihnachten kam und sie nicht dabei waren?
Und warum war es mit meiner Fassung vorbei, als ich das mickrige kleine Blech mit dem Bild der Madonna am fleckigen Bändchen aufhängte?

Mach dir keine Sorgen, ich schaff es schon

»Und wie lebst du jetzt so?« fragte ich meine Tochter, während ich anfing, Lunch zu kochen.
Sie griff nach dem Telefon. »Wir haben eine Mitmieterin weniger, und jetzt müssen wir jemand finden, der sich mit uns die Miete teilt, sonst müßten wir unsere Körper verkaufen, aber mach dir keine Sorgen, ich schaff's schon.«
Sie wählte eine Nummer, und ich saß da wie vor den Kopf geschlagen.
Sie hörte mehr zu, als sie selber sagte. Schließlich, unmittelbar ehe sie einhängte, sagte sie: »Tut mir leid, aber das ginge nie gut. Alsdann viel Glück.«
»Wo liegt das Problem? Ist ihr die Miete zu hoch?« fragte ich.
»Nein. Äußerlich gesehen alles perfekt. Hat einen guten Job, kocht gern, ist rücksichtsvoll gegen andere, hat keine üblen Angewohnheiten, ihren eigenen Wagen und versteht, Ohrläppchen zu stechen.«
»Und wieso hast du sie dann nicht gebeten, zu euch zu ziehen?«
»Wir brauchen eine mit Größe 40 und einem Dampfbügeleisen.«
»Im Ernst?« Ich lachte.

»Mom, es genügt nicht mehr, Leute in eine Wohngemeinschaft aufzunehmen, die nur nett sind. Vorige Woche habe ich ein Mädchen mit eigener Stereoanlage und Abfahrts-Skiern abgelehnt.«
»Und zwar weil...?«
»Weil sie kein Dampfbügeleisen hatte. Gestern dachten wir, wir wären einer auf der Spur, kamen aber zu spät. Die werden sofort vereinnahmt. Stereoanlagen kriegst du zehn für eine. Ihre eigene Anlage hat jede. Aber ein Dampfbügeleisen? Unglaubliches Pech haben wir gehabt. Erst hat unsere Kaffeekocherin ihre Stellung verloren und ist wieder nach Hause gereist. Und als wir die ersetzt hatten, hat unsere elektrische Schreibmaschine geheiratet und ist weggezogen. Wir saßen da mit einem Mädel, das behauptet hatte, sie würde sich eine Wildlederjacke kaufen, das hat sie aber nur gesagt, um das Zimmer zu kriegen. Entschuldige, die hier muß ich noch mal anrufen.«
Ich goß uns beiden eine Tasse Kaffee ein, und sie redete.
»Wir melden uns wieder«, sagte sie in die Muschel. »Ich sage nicht nein, muß es aber noch mit den anderen besprechen.«
»Na, wäre sie was?«
»Sie ist verlockend. Ein Dampfbügeleisen hat sie zwar nicht, aber dafür einen Cappuccino-Kocher. Du ahnst nicht, wie selten die sind.«
»Seid ihr nicht vielleicht ein bißchen zu exklusiv?«
»Weißt du, für die letzte Mitbewohnerin, die zur Gruppe stößt, haben wir gewisse Regeln aufgestellt. Sie muß kochen können, nicht nur für jeden Tag, sie muß ein Festmahl bereiten können aus Popcorn, zwei Eiern und drei Tage alten Schweinerippchen aus einer Hundetüte. Sie muß reich sein, aber nicht so exzentrisch, daß sie *gern* Wäsche wäscht. Sie darf das Bad nur in Ausnahmefällen benutzen. Sie muß in der Lage sein, bei über eintausend

Dezibel (das entspricht einem über dem Frühstückstisch kreisenden Jet) von den Lippen zu lesen. Sie darf in geborgter Kleidung nicht schwitzen. Diese Regel ist von entscheidender Bedeutung. Sie darf nie mit nebensächlichen Gesprächen das Telefon blockieren. Zum Beispiel mit Anmeldungen beim Arzt, Gesprächen mit ihrer Mutter etcetera. Erwachsene Besucher in der Wohnung müssen sich drei Wochen vorher anmelden.«
»Was mich interessieren würde«, sagte ich, »was hast denn du einzubringen in dieses Arrangement ›Besserleben-durch-Materialismus‹?«
Sie lachte. »Das fragst du noch? Zwei unverheiratete Brüder. Ich kann verlangen, was ich will. Es braucht ja keiner zu wissen, daß beides Neandertaler sind.«
»Und was macht dein Wagen? Du hast doch mal was vom Getriebe gesagt?«
»Der Wagen liegt im Sterben. Er fährt mit einem Liter nur noch zwei Häuserblocks weit, und ich glaube, der Auspuff leitet die Abgase ins Innere, weil ich beim Fahren immer so schläfrig werde, aber mach dir keine Sorgen, ich schaff es schon.«
Die Tasse klirrte in meiner Hand. »Aber das ist ja furchtbar. Warum gibst du ihn nicht in Zahlung?«
»So einfach ist das nicht«, sagte sie. »Autos wissen, wenn man sie in Zahlung geben will. Aus Rache fallen sie dann auseinander.«
»Komm, komm«, sagte ich, »das meinst du doch nicht ernst.«
»Weißt du nicht mehr, wie ich vor ein paar Jahren in einen Gebrauchtwagen-Hof hineingefahren bin, nur um mich mal umzusehen, und sofort starb die Batterie? Ich hab eine neue gekauft, und weil sich das investierte Geld lohnen sollte, behielt ich den Wagen. Voriges Jahr habe ich eine Anzeige aufgegeben, und als daraufhin ein Ehepaar sich den Wagen ansehen kam, verloren vor ihren

Augen die Reifen jegliches Profil. Ich kaufte neue Reifen, und der Wagen gewann dadurch noch ein Jahr. Wenn ich nur von neuen Typen *spreche*, bleibt mir sofort ein Knauf in der Hand, oder der Kühler kocht über. Ich sage dir, es ist gespenstisch. Der Wagen weiß es.«
»Was hast du vor?«
»In einem Geschäft im Osten der Stadt, wo dransteht ›Wir sprechen spanisch‹, kenne ich einen Händler. Hoffentlich ist der Wagen nicht zweisprachig.«
»Und wieviel hast du schon für den neuen zusammengespart?«
»Das weiß niemand: Meine Kontoführung ist so chaotisch. Ich habe der Bank einen Scheck ausgestellt, weil ich mein Konto überzogen hatte, und jetzt hat einer der Manager mich zu sich bestellt. Wahrscheinlich muß ich ins Gefängnis, aber mach dir keine Sorgen, ich schaff es schon. Ich sehe die Sache einfach so, daß Bankiers Menschen sind wie du und ich, die auch einmal jung waren und über einen Tolpatsch lachen können.«
»Möchtest du ein Aspirin?« fragte ich, während ich den Deckel vom Röhrchen nahm.
»Nein. Hoffentlich gerate ich nicht an den, der mich schon mal hat kommen lassen. Der war gräßlich. Er hat gesagt, er würde mich für einen Eintrag ins Guinness Buch der Rekorde melden, weil ich 208 Schecks ausgestellt hätte.«
»Das ist aber auch viel.«
»Ich meine, in einer Woche.«
»Großer Gott!«
»Unter 2 Dollar.«
»Na, wenigstens hast du einen Job«, sagte ich und lächelte verkniffen.
»Ich weiß nicht, wie lange noch. Die haben gesagt, wenn ich noch mal zu spät käme, würden sie das Arbeitsverhältnis beenden und meine Wiedereinstellung *nicht*

befürworten. Dadurch wäre ich zu einem Einsiedlerdasein verurteilt, wo man dasitzt und im Fernsehen Seifenopern anschaut und schlabbrige Oberschenkel entwickelt, und gestern bin ich wieder zu spät gekommen, aber mach dir keine Sorgen, ich schaff es schon.«
»Und warum? Ich meine, warum bist du gestern wieder zu spät gekommen?« fragte ich stockend.
»Mein Psychiater meint, daß ich im Grunde unglücklich bin und deshalb so schlecht schlafe. Wenn ich erst mal zu spät aufgestanden bin, zerfällt mir der ganze Tag. Die Knöpfe springen mir von der Bluse, der Rocksaum geht auf und hängt, die Seife fällt ins Waschbecken und verschwindet, und die Spraydosen haben ihren großen Tag. Gestern hab ich mir die Beine mit ›Wannensauber‹ rasiert, meine Haare mit einem 18 Stunden wirksamen Deodorant besprüht und mir Atemfrisch in die Achselhöhlen gespritzt. Die Strumpfhose habe ich verkehrt herum angezogen, der Lift hielt auf jeder Etage, ich hatte meine Geldscheintasche vergessen, und als ich am Drive-In-Schalter endlich drankam, hatte ich einen Platten...«
»Aber das kommt doch bestimmt alles wieder in Ordnung...«
»Willst du jetzt eine Rede halten über das Thema: Was mich nicht umbringt, macht mich stärker?«
»Nein, nein, ich wollte nur...«
»Ich hab es immer gewußt, wo das Problem liegt. An der Erbmasse und meiner Stellung innerhalb des Geschwisterkreises.«
»Wovon redest du eigentlich?«
»Aus Dads Familie hab ich das Haar, das sich nicht locken will, die häufigen Herpesbläschen bei Erkältungen, die Schuhe, die nur auf einer Seite abgelatscht werden. Und du hast mir die beschränkten motorischen Fähigkeiten und die hoffnungslose Abhängigkeit vererbt. Ich hatte von Anfang an keine Chance.

Ich mach dir ja keinen Vorwurf, Mutter, aber ich wollte, du hättest die Nachzucht nicht gerade mit mir angefangen. Die Erstgeborene zu sein ist ein Fluch. Du hast ja keine Ahnung, unter welchem Druck ich stand: Maßstäbe setzen, unglaublich streng gehalten werden und schließlich die Verantwortung für die aufgebrummt kriegen, die nach mir kommen. Perfekt sein müssen ist einfach grauenvoll!«
»Wie rasch du doch vergessen hast, wie wir alle um dein Töpfchen herumgestanden sind und dir Beifall geklatscht haben, wenn du was hineinmachtest«, sagte ich. »Bei deinen Brüdern haben wir das nicht mehr getan.«
»Genau das ist der Druck, von dem ich rede. Na ja, vorbei ist vorbei. Mach dir keine Sorgen, ich schaff es schon.«
Als sie gegangen war, blieb ich sitzen und fragte mich, wie ich eine solche Seifenoper-Heldin hatte zur Welt bringen können. Hätte ich vor dreißig Jahren gewußt, was ich jetzt wußte, hätten wir vielleicht lieber Tomaten gezüchtet. Die konnte man wenigstens essen.
Man sollte meinen, es hätte uns einer gesagt, daß das Bereitstellen einer Familie nichts für schwache Gemüter ist. Wenn wir aber auf Abenteuer aus waren, hätten wir uns in einem von Ballons getragenen Gartenstuhl über den Pazifik tragen lassen. Und wenn wir den Wunsch hatten, uns in den Dienst des Mitmenschen zu begeben, hätten wir für das Friedenscorps Reis pflanzen sollen. Und wenn es uns um »Wissenschaft und Forschung« zu tun gewesen wäre, hätten wir uns mit einem Tonbandgerät inmitten einer Herde Orang Utans niederlassen sollen. Doch halt: nichts anderes hatten wir ja getan, seit wir uns verpflichteten, für die Schulbildung, Gesundheit, Unterhaltung und moralische wie seelische Erziehung zu sorgen. Es verging kein Tag, an dem wir nicht mit einer traumatischen Erfahrung ihres Lebens konfrontiert waren. Irgendwann, als sie schon nicht mehr zu Hause

waren, dachte ich sogar, ich würde mich um ihre Probleme nicht länger sorgen müssen.
Ha!
Und wie war das vor ein paar Wochen? Es war Sonnabend und ich konnte schlafen, bis ich Kopfweh bekam. Nichts im Haus leckte, tropfte, rauchte, wenn man es einstöpselte, gab sonderbare Geräusche von sich oder hatte eine ausgebrannte Birne. Der Hund wirkte nicht zu dick, die hohe Versicherungsprämie war bezahlt. Das alles zur gleichen Zeit. Es war, als gestehe ein Mann in mittleren Jahren, er habe Wallungen.
Da klingelte das Telefon.
Eins meiner Kinder teilte mir mit, es führe mit dem Wagen nach Las Vegas und ich solle mir keine Sorgen machen. Keine Sorgen? Nun konnte ich mindestens fünf Stunden lang grübeln, ob der Wagen eine Panne hatte, jemand ihm sein Geld entreißen, ein Polizist mich anrufen und sagen würde: »Hier ist jemand, der gern mit Ihnen reden würde. Sprechen Sie laut und deutlich, es liegt im Streckverband.«
Fünf Stunden unablässige Angst, daß es in einer abgelegenen Taverne an der Straße einen Hamburger bestelle und von einer Motorradclique auf die Straße gezerrt würde, die dann Ringelreihen um es herumfuhren.
Als dann das Telefon wieder klingelte, war es eines meiner anderen Kinder, das mir mitteilte, es führe aufs Meer hinaus zum Fischen – in einem aufblasbaren Gummiboot.
Warum nur machte es ihnen soviel Spaß, ihre Mutter zu quälen?
Eigentlich hatte ich mir die Haare waschen wollen, ließ es aber für den Fall, daß ein sowjetisches U-Boot direkt unter ihnen auftauchte und sie in den Pazifik kippte. Und was, wenn sie einen so riesigen Fisch fingen, daß er sie aufs Meer hinauszerrte? Oder wenn der Weiße Hai III

einen Landausflug machte? Oder wenn eine große Flutwelle bereits unterwegs war?
Ich konnte mir ausrechnen, daß ich zehn, zwölf sorgenvolle Stunden vor mir hatte. Da rief das dritte Kind an.
»Erzähl mir bitte nicht, daß du in Tennisschuhen den Mount Everest besteigen willst.«
»Nein, ich bleibe dieses Wochenende zu Hause«, sagte mein Sohn.
Was für eine unfaßbare Gefühlsrohheit. Jetzt durfte ich mich zu allem übrigen darum sorgen, wieso er keine Freunde und kein Sozialleben hatte. In seiner Unfähigkeit, Kontakte zu knüpfen, würde er immer verschlossener werden und eines Tages niemandem mehr trauen. Schließlich würde er die Rouleaus herunterlassen, am Herd aus dem Kochtopf essen und sich mit der Katze unterhalten. Nie würde ich auf seine Hochzeit gehen können, wo dann jeder sagen würde: »Für seine Mutter sieht sie aber zu jung aus.« Nie würde ich Enkel auf den Knien wiegen, wobei die Leute sagen würden: »Für eine Großmutter sieht sie aber zu jung aus.«
Und wissen die Bälger all diese Anteilnahme zu schätzen? Keineswegs. Sie sitzen herum und machen einem Vorwürfe wegen ihres Kleinwuchses, ihrer Stirnlocke, ihrer Kahlköpfigkeit, ihrer Muttermale und ihrer Stellung innerhalb der Familie. Das ist doch ein zu hoher Preis für eine romantische Nacht, eine Flasche billigen Wein und eine Unbedachtheit!

Kreislauf der Habgier

Ganz zu Anfang lehrten wir die Kinder den Wert eines Zehners – und das war gut.
Wir lehrten sie, daß man einen Zehner dadurch verdient, daß man nicht weint, daß man nicht mit dem Kaugummi

rumspielt und schön pisch-pisch macht. Kleine Sparschweinchen füllten sich zum Überlaufen. Einige Kinder hätte es zu Vermögen gebracht, wenn sie hätten geradeaus schauen und ihren Namen schreiben können.
Dann machte man sie bekannt mit der Zahnfee. Das war auch gut.
Die Zahnfee zahlte bar für vierzehn Zähne, es sei denn, ein Zahn wurde vor dem 15. oder 30. des Monats unters Kopfkissen gelegt. In diesem Fall wurde bei der ortsansässigen Bankfiliale ein Scheck vordatiert. Im Lauf der Jahre stiegen die Lebenshaltungskosten erheblich.
Dann kam die Sache mit dem Taschengeld, und das war sogar noch besser.
Die Kinder wurden dafür bezahlt, daß sie am Silvesterabend ihre eigenen Babysitter waren. Sie wurden dafür bezahlt, daß sie den Tisch deckten, den Hund nicht verrückt machten, nicht mehr als zwanzig Kinder ins Haus luden, die Post nicht verloren und die Zeitung nicht zerrissen. Nicht per Gartenschlauch den Hof unter Wasser zu setzen kostete extra. Schon atmen war Handelsware. Und mit dem Taschengeld kam auch der erste finanziell orientierte Satz, den ein Kind lernt: »Muß ich dafür mein eigenes Geld nehmen?«
Dann kam die Zeit der Legislatur. »Ohne Versetzung kein Preis.« Das bedeutete, daß ein sitzengebliebenes Kind von den Eltern kein Geld bekam. Im Mittelwesten gab es sogar eine Schule mit sinkenden Schülerzahlen, die ihre Schüler dafür bezahlte, daß sie überhaupt zum Unterricht erschienen. Und auch dies war gut. Waren die Kinder erst Teenager, erläuterten ihnen die Eltern, daß sie ihre Talente nicht länger ungenutzt lassen dürften und sich gefälligst einen Job zu suchen hätten. Auch das war – na ja, es war o.k.
Die Kinder fühlten sich stark dadurch, daß Sportkanonen Millionen verdienten, ohne vorher Zeitungen im Wohn-

viertel ausgetragen zu haben, und daß der Bürgermeister von New York 88 000 Dollar im Jahr dafür bekam, daß er lächelnd in den Sechsuhrnachrichten erschien.
Schließlich nahmen sie – für ein Minimalgehalt – einen Job an und verkauften per Telefon Überdachungen.
Dann kam der Nepotismus, und er war – nicht gut. Da wurde ein Kind von seinem Vater zu Malerarbeiten am Hause engagiert, es sollte also streng professionell gehandhabt werden. Der Vater schrieb ihm vor, wann es abends ins Bett zu gehen hatte, damit es morgens frisch war. Seine Mutter trieb es wieder heraus und zwang es zu frühstücken. Alle fünfzehn Minuten kam sein Vater nachsehen, ob es auch Plastik über die Büsche gezogen und ringsum das Fenster genügend abgedeckt hatte.
Wenn es einen Anruf bekam, pflegte seine Mutter zu sagen, es sei beim Militär und man brauche nicht noch einmal anzurufen. Sie kontrollierte auch seine Kleidung, um sicher zu gehen, daß es keine Farbtropfen fallen ließ – erst dann durfte es das Badezimmer benutzen. Es wurde mit vordatiertem Scheck bezahlt, der seine Eltern, wäre er am Ausstellungsdatum eingelöst worden, für die nächsten fünfzehn Jahre ins Gefängnis gebracht hätte. Der Junge zahlte auch noch Steuern – und das war gut. Für ihn nämlich.
Als sein Vater ihn um das Formular bat, um ihn als Sonderbelastung absetzen zu können, fragte der Junge: »Wozu das denn?«
Der Vater sprach: »Weil wir dich das ganze letzte Jahr ernährt, gekleidet, untergebracht, transportiert, verwöhnt und gesunderhalten haben.«
Da sprach der Sohn: »Das kannst du vergessen. Ich fülle meine eigene Steuererklärung aus, weil ich dann eine Rückzahlung beantragen kann.«
»Aber wir haben Anspruch auf dich. Die Regierung gewährt uns einen Steuernachlaß von der Gesamtsumme.

Wenn wir den nicht kriegen, kommen wir in eine andere Steuerklasse.«
Da sprach das Kind: »Das hättet ihr euch überlegen müssen, ehe ihr mich getriezt habt, in diesem Sommer zu jobben. Ich wäre gern nur zu Besuch bei dir und Mom gewesen und hätte mit euch über meine Lebensanschauungen diskutiert, aber nein, ihr wart ja nicht zufrieden, ehe ich nicht einem Unglücklichen den Job wegnahm, der ihn nötiger gebraucht hätte.«
Schwer zu glauben, daß so ein Kind seine Eltern für lausige 15 Dollar 95 verrät und verkauft.
Dann heiratete das Kind und bekam ein Baby, und eines schönen Tages öffnete Omama diesem Baby das Fäustchen und drückte einen Zehner hinein, und das Baby steckte ihn in den Mund, ob er wohl gut sei.
Und er war gut. Und da streckte es die andere Hand aus, öffnete sie und wollte noch einen Zehner.
Der Kreislauf der Habgier hatte erneut begonnen.
Und das war gut.

Möchtest du noch einmal die gleichen Eltern?

Sonnabend, 14 Uhr 20
Meine Freundin Hazel stieß die Hintertür zu unserem Hause auf und blieb sichernd stehen.
Auf der Platte des Spültischs standen 35 benutzte Gläser. Die Waschmaschine hatte einen schnelleren Pulsschlag als ich. In der Einfahrt parkten sechs Wagen. Ein Plastikeimer, ein Volleyball und ein Stoß Poker-Chips befanden sich mitten auf dem Tisch. Der Hund fraß Salznüsse aus einem Aschenbecher. Überall in der Küche lagen Zeitungen mit der aufgeschlagenen Seite »Theater und Veranstaltungen«. Der Herd war übersät mit Töpfen, und in der Ferne brüllten Radios.

»Entweder sind die Kinder heimgekommen, oder es waren eben Einbrecher da.«
»Die Kinder sind heimgekommen«, sagte ich. »Na, und wie geht's dir?«
»Ich wollte gerade sagen ›so la la‹, aber immerhin habe ich keine Schlangen auf der Kühlerhaube meines Wagens.«
»Ich mache Schlangen-Sitting. Hab ich dir schon erzählt, daß unser Sohn wieder zur Schule gehen und bei uns wohnen will?«
»Also das eine muß man unserem Russell lassen«, sagte sie und goß sich eine Tasse Kaffee ein. »Selbständig ist er. Dem würde es nicht einfallen, bei uns wohnen zu wollen. Schließlich ist er sechsundzwanzig.«
»Dann hat er also seine eigene Wohnung?«
»Wohnung?« prustete sie. »Meine Liebe, er hat sein eigenes Haus. Dan und ich haben uns überlegt, daß wir genausogut ein Haus abzahlen, als die Miete für seine Wohnung zahlen können. Ich meine, was bleibt einem dann schon nach den vielen Jahren anderes als ein Bündel Mietquittungen?«
»Ihr habt ihm ein Haus gekauft?« keuchte ich.
»Das war das Mindeste, was wir tun konnten«, sagte sie. »Wohin sollte er schließlich mit all den Möbeln, die er in den letzten acht Jahren weggekarrt hat? Es hat sich alles bestens entwickelt. Genau in dem Moment, in dem wir die letzte Rate für seinen Wagen zahlten, fanden wir das Haus.«
»Ihr habt ihm einen Wagen gekauft?«
»Wie hätte er sonst in die Fabrik seines Vaters kommen sollen? Ursprünglich haben wir ihm ein Motorrad gekauft, aber die Dinger sind ja so gefährlich. Als wir seine Versicherungsbeiträge zahlten, sagte man uns, wir brauchten den Satz für Höchstrisiko, weil er Motorrad fährt. So hohe Beiträge konnten wir uns nicht leisten.«

»Dann zahlt ihr also auch seine Versicherung?«
»Nur die für den Wagen, Liebste, und die Krankenkasse. Ich meine, was sollen die Kinder heutzutage machen? Sie können sich ja nicht einmal leisten, krank zu werden. Und da dachten wir, es ist einfacher, die Krankenversicherung zu zahlen, als eines Tages eine gewaltige Klinikrechnung am Hals zu haben. Besonders wo er doch Abendkurse nimmt und die Kerze an beiden Enden zugleich anzündet. Wir tun unser Möglichstes, um ihm zu helfen, bei den Lebensmittelrechnungen und den laufenden Haushaltskosten, wo doch jetzt das Baby kommt.«
»Ach, Russell ist verheiratet?«
»Schon zum zweiten Mal. Du darfst es mir glauben, daß zwei ebenso billig leben wie einer, ist einfach nicht wahr. Das Mädchen ißt wie ein Scheunendrescher. Aber sie ist viel netter als die, der wir die Alimente zahlen. Das ist vielleicht ein harter Brocken! Ich sorge mich um Russell, ehrlich. Die viele Verantwortung und eine so ungewisse Zukunft. Aber es ist schon so, wie Dan und ich ihm sagten: Irgendwann *muß* man das Nest verlassen und auf eigenen Füßen stehen! Wenn ich dir also einen Rat geben darf: Schmeiß deinen Sohn raus. Du tust ihm einen Gefallen. Nur so lernt er, was das bedeutet – unabhängig sein. Da heißt es Schwimmen oder Untergehen.«
»Die Spielregeln haben sich grundlegend geändert, nicht wahr, Hazel?« sagte ich und suchte die verstreuten Zeitungen zusammen. »Manieren, Wertmaßstäbe, alles hat sich gewandelt, seit wir jung verheiratet waren.«
»Du hast ja so recht«, sagte sie. »Hast du schon gehört: Die Krankenkassen erwägen, die Entbindungskosten dadurch zu senken, daß sie jungen Müttern etwas dafür bezahlen, wenn sie die Klinik möglichst bald verlassen?«
»Wie bald?« fragte ich.
»Wenn man 24 Stunden nach der Entbindung das Zimmer räumt, zahlen sie einem zwischen 50 und 200 Dollar.«

Ich brauchte eine Weile, um den Schock des Gehörten zu überwinden. Das sagte eine Frau, die sich noch dreißig Tage nach der Geburt an ihre Matratze in der Klinik geklammert hatte und die man mit Brachialgewalt hatte entfernen müssen. Es weiß doch jede Frau, wenn man erst die wegwerfbaren Krankenhauspantoffel zurückgegeben hat, stecken sie einen in grobe Laufschuhe und ein T-Shirt, und von da an läuft man um sein Leben.
Gebären ist schließlich das letzte Bollwerk, hinter dem Frauen noch mit einer gewissen Rücksichtnahme rechnen können. Ein Tag des Glanzes – und möglicherweise der letzte. Du hast deinem Mann das Äußerste geschenkt, ihm, der sonst alle Geschenke zurückträgt und deinem Konto gutschreiben läßt. Du hast den Rache-Wunsch deiner Mutter erfüllt. Du hast deinem Vater Gelegenheit gegeben, das Foto von Brigitte Bardot in seiner Brieftasche durch ein anderes zu ersetzen. Du hast genügend Dehnungsnarben, um die Dankbarkeitsschuld über zwei Pelzmäntel, eine Quarzuhr und einen Januar-Trip nach St. Croix auszudehnen. Du hast ein lebenslanges Problem zur Welt gebracht und sollst ab jetzt abgefunden und bestochen werden.
»Das ist doch ein echter Widerspruch«, sagte ich zu Hazel. »Die Männer denken sich nichts dabei, ihren Wagen drei Tage lang in der Werkstatt zu lassen, bis Ersatzteile eingetroffen sind. Sie stehen in Decken gewickelt 48 Stunden lang nach Eintrittskarten für die Weltmeisterschaften an. Sie haben Verständnis dafür, daß eine Bank zwei Tage braucht, um einen Scheck zu honorieren. Aber bei einer Geburt muß alles blitzschnell gehen. 24 Stunden schmoren lassen und ein bißchen schwer atmen.«
»Ich finde, man sollte wenigstens warten, bis die Wirkung der Narkose abgeklungen ist«, meinte Hazel.
»Und wie lange hat das bei dir gedauert?« fragte ich.

»Ungefähr drei Jahre.«
»Nun, Russell ist immerhin verheiratet. Meinen werde ich nicht los. Die Kinder sprechen, wenn die Rede aufs Heiraten kommt, eine andere Sprache. Bist du sehr schockiert, wenn ich dir gestehe, daß mein Mann und ich in unserem ganzen Leben nie ein ›bedeutsames Gespräch‹ geführt haben? Ich weiß nicht, was das überhaupt ist.«
»Vermutlich hat es Kalorien«, seufzte Hazel.
»Na, und dann die Eheverträge. Was soll denn das für ein Anfang sein für eine Ehe ... das Geld aufteilen, ehe man es verdient hat, das Haus, ehe es möbliert ist, die Kinder, ehe man sie empfangen hat? Und dann das Gerede über die neue sexuelle Freiheit. In wieweit ist sie anders als die alte sexuelle Freiheit? Und wieso braucht man dazu einen Leitfaden? Du bist gut dran, Hazel. In dir sah dein Sohn ein Vorbild, dem er nacheifern konnte.«
»Nur keine voreiligen Schlüsse! Es ist kein Zuckerschlekken. Für Russells erste Hochzeit haben wir 5 000 Dollar ausgegeben. Und in der gleichen Woche, in der die Hochzeitsfotos ein bißchen blaß wurden, haben die beiden sich getrennt.«
»Und diesmal hat er also ein nettes Mädchen gefunden?« fragte ich hoffnungsvoll.
»Er hat sie in Kalifornien kennengelernt. Da saß sie in einer Latzhose am Strand und spielte Gitarre und aß eine Passionsfrucht. Sie hatte keine Ahnung, wie man einen Kochherd bedient, und das Äußerste, was sie in den Haushalt einbrachte, war eine Plastikgabel, die sie im Stirnband trug. Als mein Sohn sie bat, ihn zu heiraten, hat sie das allererste Wort zu mir gesprochen. ›Geschenkliste‹. So eine habe ich noch nie gesehen. Ich frage dich, woher kennt so ein Mädel Bezeichnungen wie Rosenthal, Wedgewood und Alt-Meißen? Na, wir haben ein paar Aktien verkauft und ihr eine Aufschnittgabel zur Hochzeit geschenkt.«

»Ja, ja, alles ändert sich«, seufzte ich. »Bilde ich es mir nur ein, oder werden die Babys auf den Windelreklamen immer älter? Neulich habe ich eines gesehen, das konnte schon seinen eigenen Text sprechen und sah alt genug aus, um sich sein Fläschchen selber zu mixen. Auch die Erziehung zur Sauberkeit scheint heutzutage den Müttern nicht mehr so am Herzen zu liegen wie uns seinerzeit. Vielleicht haben sie Wichtigeres zu tun.«

»Ha, du findest, die Babys in Windeln würden älter«, schnaubte Hazel. »Hast du dir kürzlich mal einige von den jungen Müttern angesehen? Die sind durchaus auch kein junges Gemüse mehr.«

»Ich habe immer gefunden, es gibt zweierlei, was eine Frau nach fünfunddreißig nicht mehr sollte: sich bei Tageslicht zeigen und ein Baby kriegen«, sagte ich.

»Sie werden sich eben gewisse Probleme einer älteren Mutter nicht klargemacht haben. Um die Zeit zum Beispiel, wo das Baby das Schläfchen nach Tisch ausgewachsen hat, braucht Mommy es gerade sehr nötig, und wenn das Baby anfängt Zähne zu kriegen, werden Mommys anfangen auszufallen.«

»Stimmt genau«, nickte ich, »und die ganz schwere Umstellung wird kommen, wenn die Babys Teenager geworden sind. Eine Mutter, die mit fünfunddreißig ein Kind bekommt, ist einundfünfzig, wenn ihr Sechzehnjähriger den Wagen zu fahren beginnt. Es ist doch allgemein bekannt, daß dann eine Mutter zu alt ist, um noch genügend Geduld aufzubringen, und noch zu jung, um schon zu sterben.«

»Du kannst dich drauf verlassen«, sagte Hazel, »es ist nur eine Frage der Zeit, wann ältere Mütter ihre Kinder für Babynahrung Reklamerennen fahren lassen. Diese Generation kann einem leid tun. Die ist verkorkst, finde ich.«

»Aber über Sex scheinen sie ziemlich alles zu wissen.

Hast du zum Beispiel gewußt, daß mehr Leute sich an Sonntagen lieben als an sämtlichen Wochentagen zusammen? Und daß die Hauptzeit dafür zwischen 10 Uhr abends und morgens 7 Uhr liegt?«
»Wen interessiert das?« fragte Hazel.
»Oder daß mehr Frauen als Männer an der Wand schlafen. Und daß Männer, die Bermudashorts-Unterhosen tragen, öfter Väter werden?«
»Nun hör schon auf!«
»Aber Hazel, wir verbrauchen 150 Kalorien bei der Liebe, das liegt nur wenig unter dem Frisbee-Werfen, das verbraucht nämlich 200.«
»Was *du* vielleicht nicht weißt«, sagte Hazel, »Knoblauchessen ist noch immer die wirksamste Form der Geburtenkontrolle.«
»Du, ich rede im Ernst«, sagte ich.
»Aber ich doch auch. Ich sage dir, es ist alles Quatsch. Hat ein Kind lange genug Seifenopern im Fernsehen angeschaut, hat es völlig verkehrte Vorstellungen von Sex. Da wird ein Kind sechs Wochen nach der Empfängnis geboren und ist verheiratet, ehe das Jahr zu Ende geht. Und wenn es eine lang laufende Serie ist, kommt ein voll ausgetragenes Kind manchmal nach ungefähr drei Monaten zur Welt. Voriges Jahr gab es während einer dreiteiligen Mini-Serie drei Geburten, darunter Zwillinge im Abstand von drei Wochen, weil ein Unentschieden im Baseball dazwischenkam.«
»Daran habe ich noch nicht gedacht.«
»Die heutige Jugend weiß ja nicht mehr, was sie glauben soll. Aus Eiern kommen nicht Babys, sondern Strumpfhosen. Liebe ist kein Grund, ein Kind zu kriegen, wohl aber Steuernachlässe.«
»Du solltest meine Mutter hören, wenn sie sich über das Geknutsche im Fernsehen beklagt. Wenn früher der Held die Heldin küßte, stand er dabei so still wie ein Denkmal

am Mount Rushmore. Heutzutage ist es eine aerobische Übung.«
»O wie wahr«, sagte Hazel. »Wie hat Henry Fonda das genannt?«
»Gesichtslutschen.«
»Sag mal ehrlich«, sagte sie, »törnt dich so was an?«
»Eigentlich nicht. Ich sitze da und überlege mir, wo der viele Lippenstift von Joan Collins hinkommt oder ob einer von den beiden wohl einen Bandscheibenschaden hat.«
»Manchmal«, sagte Hazel, »seh ich die verschwommenen Ein- und Ausblendungen und halbdunklen Überschneidungen und versuche mir vorzustellen, welcher Körperteil gerade gezeigt wird. Und das ewige Gekeuche!«
»Das kann ich auch hören, wenn ich meinen Mann bitte, das Sofa abzurücken«, sagte ich.
»Das Schlimme bei den jungen Leuten«, sagte Hazel, »ist, daß man ihnen gar nichts mehr sagen kann. Wie ich kürzlich las, hat irgendwo im Mittelwesten eine Lehrerin der Oberklassen versucht, im Unterricht ›Eheleben‹ zu simulieren. Sie hat die Kinder in Paare eingeteilt, ihnen ein Einkommen und einen Haushaltsplan zugewiesen.«
»Und was geschah?«
»Jedes Paar Oberschüler sollte als Kind ein hartgekochtes Ei zur Welt bringen. Sie tauften es, putzten es heraus, beschützten es und überlegten, wie sie es erziehen würden. Man ließ sie das Ei sogar mit heimnehmen, und einer von ihnen mußte es sich an den großen Zeh binden, damit sie merkten, daß Kinderaufzucht etwas Dauerhaftes ist.«
»Und hat es funktioniert?« fragte ich.
»Sie haben herausbekommen, daß man viel tun kann, damit die Eier verschieden aussehen. Man kann sie verschieden anmalen, mit Gold dekorieren, sie in ein seidengefüttertes Bett legen oder in ein Bett aus Spänen vom Bleistiftspitzen, daß sie aber im Grunde alle so ziemlich

dasselbe sind. Sie fanden heraus, daß sie zerbrechlich aussehen, daß aber einige überlebten, obwohl man sie fallen ließ und sie Sprünge bekamen. Na ja, auf diese Weise bekamen sie doch einen Vorgeschmack von der ›Wirklichkeit‹. Ach herrjeh, ich muß sausen. Morgen reden wir weiter.«
Ich schloß hinter ihr die Tür und fing ganz automatisch an, die Gläser einzusammeln und zur Spüle zu tragen.
»Wirklichkeit«, wie oft hatte ich unseren Kindern damit gedroht. Ich hatte ihnen gesagt, das wirkliche Leben sei ein Dschungel, ein Ort, an dem man seine wahren Freunde an einer Hand herzählen kann, eine künftige Existenz, in der sie keine Eltern mehr zum Herumkommandieren haben würden.
Die »Wirklichkeit«. Als unser Sohn neun Jahre alt war, stopfte eine Horde Jungen ihn mit dem Kopf in einen Handtuchautomaten und verlangte sein Geld. Und wir hatten ihn in einen Disney-Film geschickt, damit er keine Gewalttaten sieht.
Als unsere Tochter sechzehn war, wurde ihre beste Freundin von einem betrunkenen Fahrer getötet.
Als ein anderer Sohn zwölf war, wurde ihm sein Rad gestohlen, das er von seinem eigenen Geld gekauft hatte. Der Polizist sagte: »Pech gehabt. Du hättest es abschließen sollen.«
Als einer unserer Söhne ins Ferienlager reiste, war sein bester Freund ein Schwarzer, er hörte wie man ihn als »Nigger« bezeichnete und sah aus nächster Nähe, wie häßlich Rassenvorurteile sind.
Sie hatten in ihren kurzen Leben Ablehnung, Diskriminierung, lebensbedrohende Krankheiten, Angst, Enttäuschung, Gewalt und Schmerz kennengelernt.
Die »Wirklichkeit«. Warum habe ich ihnen damals nicht gesagt, die Wirklichkeit sei eine Legende. Und zwar seit dem Tage, an dem sie diese Wirklichkeit betraten, warm,

glitschig und zufrieden, und man sie auf den Hintern klapste, damit sie ihre Lungen mit Schreien des Zorns, des Schocks und des Protests füllten. Sehr viel wirklicher kann es doch gar nicht mehr werden!

Wozu hat man Freunde?

Ihre Welt hat ganz klein angefangen. Sie umfaßte das Gebiet zwischen dem Schlafzimmer und der Tür zur Kellertreppe. Sie waren ziemlich stark abgeschirmt, sahen nur Eltern, Geschwister und Verwandte, höchstens hin und wieder einen Besucher von draußen.
So wäre es vielleicht geblieben, wäre es nicht zugleich auch meine Welt gewesen, und ich fing doch schon an, mich mit dem Goldfisch zu unterhalten.
Ich brauchte eine Ersatzmutter. Jemanden, der in meiner Abwesenheit bei den Kindern blieb und ihnen das gleiche hohe Maß an Pflege, Intelligenz und Rechtschaffenheit entgegenbrachte. Einen ganz besonderen Menschen, der sie vorbereitete für ihre Stellung in der Gesellschaft.
All dies fand ich in der Person von »Debbie«, einer Elfjährigen mit Zahnspange, die niemals ausging und früh um 3 Uhr auf einen Fünfzigdollarschein richtig herausgeben konnte. Sie war die erste von vielen Babysittern, die unseren Kindern zeigen konnte, daß Autorität Spaß machen und etwas einbringen konnte.
Die Kinder waren dabei, als ich mich zum ersten Mal mit ihr unterhielt. »Debbie«, sagte ich (sie hießen alle Debbie), »ich werde dir jetzt ein paar ganz theoretische Fragen stellen, nur um sicher zu gehen, daß du mit allen Situationen fertig wirst, die sich für einen Babysitter ergeben können. Erstens: Was tust du, wenn eines der Kinder sich weigert, ins Bett zu gehen?«

»Ich drohe ihm, ihn aufzufressen«, sagte sie und blies eine gewaltige Blase aus ihrem Kaugummi.
»Sehr gut. Ferner: Wieviel Flüssigkeit gibst du einem Kind unter sechs Jahren zu trinken, ehe du es ins Bett steckst?«
»Wenn die Kinder sich beklagen, daß sie durstig sind, besprühe ich die Pflanzen auf dem Fensterbrett und sage ihnen, sie sollen tief einatmen.«
»Wunderbar«, nickte ich. »Aber jetzt kommt etwas Schweres. Was machst du, wenn einer deiner Schützlinge sich ein Geldstück in die Nase gesteckt hat?«
Sie überlegte kurz. »Was für eines?«
»Einen Zehner.«
»Für einen Zehner«, sagte sie, »verblättere ich die Stelle im Buch nicht, in dem ich gerade lese. Wenn es ein Geldschein wäre, holte ich ihn vielleicht mit dem Staubsauger wieder heraus.«
Die Kinder klatschten und jubelten, und ich stellte die jugendliche Ersatzmutter ein.
Ich gestehe, sie wurde eine der wichtigsten Personen auch in meinem Leben. Gynäkologen und Friseure kamen und gingen, hatte aber Debbie eine Verabredung oder machte anderweitig Pläne, wollte ich nicht mehr leben. Sich auf ihren Besuch vorzubereiten, war nur drei Dollar billiger als eine Hochzeit. Das Haus mußte aufgeräumt sein, die Limonaden im Kühlschrank stehen, Imbisse vorbereitet werden, die Kinder ernsthaft ermahnt und in ihre Zimmer gesperrt. Ich gab Debbie Trinkgeld dafür, daß sie wach blieb. Ich gab ihr Trinkgeld dafür, daß sie ans Telefon ging. Ich gab ihr Tringeld dafür, daß sie leere Flaschen in den Karton zurückstellte.
Ich weiß noch genau, an welchem Tag sie entdeckte, daß das Leben mehr zu bieten hat als »Vergiß nicht, auf der Toilette zu spülen« und Winnie-the-Pooh. Es war ein Mittwoch. Mitten in der Jugendblüte wurde sie von der

Pubertät befallen, einem Zustand, der ein gewisses Gesellschaftsleben notwendig macht. Wir sahen Debbie nie wieder. Doch sie hatte im Leben meiner Kinder unauslöschliche Eindrücke hinterlassen.

Als deren Welt sich vergrößerte, vergrößerte sich auch ihr Freundeskreis, der zu unserem Leben gehörte: der stetige Strom von Übernacht-Bleibern und Mit-Essern, von Kindern, die in der gesamten Nachbarschaft »Reise nach Jerusalem« spielten. Üblicherweise gab es für ihren Besuch keine Vorwarnung. Man rief seine Familie zum Essen und stellte das Backrohr ab, da sagte plötzlich eines der Kinder: »Kann Stanley (Jack, Joanie, Gloria, oder sonst ein Bewohner der freien Welt) zum Essen bleiben?«
Es lebt da draußen eine ganze Generation, die glaubt, bei Mrs. Bombeck gäbe es halb Makkaroni und halb Spaghetti mit einer so verwässerten Sauce, daß sie nicht einmal Flecken auf dem Tischtuch hinterläßt, und Hühnerteile, die selbst ein anderes Huhn nicht identifizieren kann.
Manchmal sah ich mich bei überraschendem Gästebefall kritischer Lebensmittelknappheit gegenüber. Dann trat mein Plan »F. H. Z.« (Familie hält zurück) in Aktion.
Dabei muß ich immer an die wundervolle Geschichte des verstorbenen Humoristen Sam Levenson denken. Sam war eines von acht Kindern, und »Gäste« hatten besondere Privilegien. Vor der Mahlzeit sagte die Mutter zu den Kindern: »Wenn das Fleisch herumgegeben wird, sagt ihr: Nein, danke. Ich hab keinen Hunger, damit unser Gast nicht meint, er äße uns das Essen vom Mund weg.«
Es funktionierte auch, aber als der Nachtisch kam, ließ die Mutter ihn rasch an den Kindern vorübergehen und sagte: »Ihr habt nicht ordentlich gegessen, daher kriegt ihr auch keinen Nachtisch.«

Es gab bei mir unfehlbar Schweinskoteletts, wenn die Kinder einen Freund zum Essen einluden. Man kann nichts tun, um ein Schweinskotelett größer aussehen zu lassen. Ich habe es versucht. Ich habe sie so dick paniert, daß ringsherum ein 5 Zentimeter breiter Rand Semmelbrösel stand, ich habe sie mit Salatsauce umrankt, wie mit einem Rock, und sie auf Untertassen serviert, aber sie sehen immer noch so aus wie das, was sie sind: zu klein, zu wenig! Manchmal meine ich, es müßte eine Prämie geben für das Schauspieltalent einer Mutter, die an einem Knochensandwich nagt und behauptet, sie sei satt. Es hat mich oft gewundert, daß ich zwar 738 Mahlzeiten pro Jahr kochte, 1 040 Lunchpakete packte, 2 055 Imbisse herrichtete, – ganz zu schweigen von 30 Festessen für Geburts- und Feiertage – und trotzdem meine Familie, wenn mal ein ins Haus gebrachter Freund etwas nicht essen wollte, über mich herfiel wie ein Rudel Wölfe.

»Warum gibt's bei dir auch immer diese blöden Dinger, die so auf'm Teller rumkugeln?« (Erbsen.) »Müssen wir diese schleimigen Stöcke essen, die sich aufblähen, wenn man draufbeißt?« (Spargel.) »Ich weiß, die Klumpen sind gräßlich, aber wenn man die Luft anhält und sie runterschluckt, sind sie weg.« (Zwiebeln.)

Unvergessen ist mir auch der undankbare Teenager, ein Gast meiner Tochter. »Versuch doch mal diese Plätzchen«, wurde sie aufgefordert, »Mom ist dafür berühmt.« Sie biß eines an und verzog das Gesicht. »Na ja«, sagte sie, »der Apfel hat ja Eva auch berühmt gemacht.«

Und schließlich kommen auch noch Außenstehende, die die Schicksale der Kinder beeinflussen. Dabei fällt mir natürlich Miß Marpling ein, die Klavierlehrerin. Ich hatte jahrelang nicht mehr an sie gedacht, bis ich sie vor ein paar Wochen im Restaurant wiedertraf. Ich muß gestehen, ich war sehr überrascht. Sie sah blendend aus. Das nervöse Zucken um ihren Mund war verschwunden. Die Augen, die ihr früher im entgegengesetzten Uhrzeigersinn im Kopf rollten, waren jetzt ruhig und stetig auf mich gerichtet. Und plötzlich fiel mir auf, daß sie lächelte. Ich hatte sie noch nie lächeln sehen, nicht einmal bei einem Schülerkonzert.

»Miß Marpling«, sagte ich. »Wie lange ist es denn jetzt schon her?«

Sie tat einen tiefen Atemzug. »Elf Jahre, zwei Monate, eine Woche und drei Tage.«

»Und legen Sie immer noch dicke, klebrige Fingerchen auf weiße und schwarze Tasten? Du meine Güte, wissen Sie überhaupt noch, wie viele kleine Leutchen Sie im Takt Ihres Metronoms haben marschieren lassen?«

»Sie haben mir noch immer nicht verziehen, was?« fragte sie.

»Seien Sie nicht albern«, sagte ich. »Meinen Sie wirklich, daß ich noch immer zusammenbreche, wenn ich den ›Fröhlichen Landmann‹ höre? Als mir der Arzt auseinandersetzte, daß es nur *eine* Methode für ein Kind ist, Feindseligkeit gegen die Eltern abzureagieren, verstand ich es.«

»Mrs. Barnhardt gibt *mir* die Schuld«, sagte sie bitter.

»Das war etwas anderes. Sie hatten absolut kein Recht, eine Anfängerin auf dem Akkordeon die ›Lady of Spain‹ vorspielen zu lassen. Wie ich höre, kann sie es noch immer nicht?«

Beim Essen warf ich manchmal einen Blick zu Miß Marpling, und eine Welle der Zuneigung überflutete mich. Was hatte sie schließlich Schlimmes getan? Sie nahm mir eine Stunde pro Woche drei Kinder ab und lehrte sie, den »Marsch der kleinen Zinnsoldaten« zu spielen (lebhaft bewegt), die »Parade der Schildkröten« (leise und zart) und den »Jodler und sein Echo« (im Keller in Kansas City, Mo.).

Sie weckte ihr Talent ... wenn auch nicht für das Musizieren, so doch für musikalisches Verständnis.
Sie lehrte sie, was Instrumente können und daß man um der Wirkung willen leise spielen kann, oder auch lauter, indem man auf das Pedal tritt.
Sie lehrte sie, daß man, wenn man drei fürchterliche Stunden lang das gleiche Lied übt und jedesmal den einen Ton falsch greift, die eigene Mutter in ein schniefendes Teighäufchen verwandeln kann.
Ich war die einz'ge nicht. Die Mütter von Musikschülern leben allenthalben ein einsames Leben in stiller Verzweiflung. Gott steh ihnen bei. Sie hören es nie, wenn das Telefon klingelt. Sie hören nie einen Jet übers Haus jaulen. Nach einer Weile hören sie überhaupt nichts mehr, sitzen nur noch da, lächelnden Gesichts, lesen von den Lippen und bekommen hin und wieder ein Wort mit.
Sie möchten gerne glauben, daß auch Mozart eine Mutter hatte. Sie möchten gern glauben, daß die Mutter mehrerer Wunderkinder, während diese auf ihren Instrumenten üben, im Hotel wohnt.
Es sind die einsamsten Frauen der Welt, sie müssen sich dauernd bei den Nachbarn, bei anderen Familienmitgliedern, bei der Allgemeinheit entschuldigen. Sie sind hin und her gerissen zwischen der Geduld, fünf Stunden hintereinander Chopin-Etüden auf dem Klavier anzuhören und dem Impuls, einen Tubaspieler mit bloßen Händen zu erwürgen und dann für den Rest des Lebens ein schlechtes Gewissen zu haben.
Gewöhnlich sind es die Väter, die das in ihren Kindern schlummernde Talent ermutigen, zu dessen Auffindung man manchmal Röntgenstrahlen braucht. Es war mein Mann, der vorschlug, wir sollten unseren drei Kindern Klavierunterricht geben lassen. Das tat ich. Und eines Tages sagte er: »Wann kaufen wir ihnen denn ein Klavier zum Üben?«

»Das gehört nicht zu unserer Absprache«, sagte ich. »Ich habe nur zu den Stunden ja gesagt. Wenn sie Baseball spielten, würden wir ja auch nicht das Wohnzimmer in einen Sandplatz verwandeln.«
Er kaufte das Klavier trotzdem, und es tat ihm später leid, als das Geräusch seinen Rasen braun werden ließ.
Miß Marpling sah nicht wohl aus, und ich dachte, das Leben ist so kurz, lassen wir Vergangenes vergangen sein. Beim Weggehen ließ ich mich kurz an ihrem Tisch nieder, um ihr das zu sagen, da ergriff sie meine Hand und sagte: »Ich verzeihe Ihnen Ihre drei unbegabten Kinder.«

Haben die Kinder erst Verabredungen mit dem anderen Geschlecht, ist unser Beitrag zu ihrem Leben nur mehr minimal. Es setzt der Aufmarsch der Tussis und Neandertaler ein, die allesamt potentielle Schwiegerkinder sind.
Ich erinnere mich noch genau an die erste Schöne, die eines Tages »mit heimgebracht« wurde. Ihre Schönheit war makellos. Sie hatte die Figur eines Schlauchbootes. Sie brachte mir einen Weihnachtsstern im Blumentopf mit. Sie war intelligent, lustig, charmant und hatte alle meine Bücher gelesen. Dann öffnete sie den Mund und ich wußte, sie war das Verkehrte, das ganz Verkehrte für meinen Sohn. Sie hatte einen Überbiß.
Ich nahm sie beiseite und sagte: »Mein liebes Kind, Sie haben vielleicht geglaubt, Sie fühlten sich zu meinem Sohn hingezogen, aber verlassen Sie sich auf mich: Hinter der ebenmäßigen Zahnreihe und dem gesunden Zahnfleisch steckt ein ganz gewöhnlicher Mensch.«
Das klang hart, aber dazu muß man wissen, daß das ebenmäßige, weiße Gebiß meines Sohnes gleichbedeutend ist mit meiner nie getanen Kreuzfahrt durch Norwegen, meinem nie gekauften Gepäck von Vuitton und der nie stattgefundenen Operation meiner gekrümmten Nasenscheidewand. (Was brauchte ich gut durchzuatmen, wenn

mein Kind wegen vorstehender Zähne knusperte wie ein Biber?) Diese Zähne repräsentieren demnach fünf Jahre und Zahlungen in Höhe von insgesamt 6 550 Dollar.

Mit jedem Eben-mal-Übernachter, jedem der Freunde, den man mehr oder weniger gutheißt, verliert man ein Stückchen seines Kindes an sie. Am Ende sind unsere Kinder von all denjenigen geformt und beeinflußt, die in ihr Leben treten.
Als wir aus unserer bisherigen Nachbarschaft wegzogen, wurde ich Zeuge einer der herzzerreißendsten, quälendsten Szenen meines Lebens. Mein Sohn verabschiedete sich von seinem besten Freund. Die beiden waren unzertrennlich gewesen. Sie aßen zusammen, schliefen zusammen, spielten miteinander, waren miteinander auf Familienurlaub. Einmal ging ich mit dem Kind neue Schulkleidung einkaufen und merkte erst im Geschäft, daß es nicht meines war.
Am Abschiedstage gab es heiße Tränen und linkische Adieus mit dem Versprechen, sich zu schreiben und in Verbindung zu bleiben. Er gehörte zur Familie.
Es vergingen mehrere Jahre, ehe mein Sohn als Besucher in die alte Gegend zurückkehrte. Er konnte es kaum erwarten, seinen alten Kumpel wiederzusehen. Am Sonnabendnachmittag bei Ballübungen in der Turnhalle erwischte er ihn.
»Na und?« fragten wir.
»Er konnte sich gar nicht an mich erinnern«, sagte mein Sohn.
An diesem Tag lernte er etwas. Freunde sind ›einjährige Pflanzen‹, die nur blühen, wenn sie saisonweise gedüngt werden. Die Familie aber ist ein dauerhaftes Gewächs, das Jahr für Jahr, trotz Dürrezeiten wie Abwesenheit und Vernachlässigung, immer wiederkommt.
Beide haben ihren Platz im Garten.

Es ist elf Uhr.
Wissen Sie, wo Ihre Eltern sind?

Sonnabend, 16 Uhr 40
»Hallo, Jeff, rat mal, wer spricht? Jawoll, ich bin übers Wochenende zu Hause. Dad hat wieder eines seiner infamen Fotos für den Weihnachtsrundbrief geknipst und Mom zieht ihre Donna-Reed-Nummer ab. Glaub mir, es ist heutzutage nicht so einfach, Eltern großzuziehen. Es wird immer nur davon geredet, wie schwer es ist, Kinder großzuziehen. Also mir kannst du glauben, Eltern sind kein Honigschlecken. Sie haben bloß die bessere Presse. Von den Teenagern am Steuer hört man eine Menge, aber was hört man über eine Mutter in den Wechseljahren, die auf dem Beifahrersitz fährt? Man steigt in den Wagen und sie sagt: ›Mutter verläßt sich darauf, daß du, was die Fahrweise mit diesem Wagen angeht, ein verantwortungsbewußter Erwachsener bist. Ich weiß, du wirst nichts Unüberlegtes tun und nur das, was ich dir sage. Entspann dich und denk daran, daß ein einziger Unachtsamkeitsfehler von dir deine Mutter für den Rest ihres Lebens zum Krüppel machen kann.‹ Aber das ist nicht ihr einziger ulkiger Trick. Man fährt ruhig dahin, plötzlich schnappt sie nach Luft, greift mit beiden Händen ans Armaturenbrett und stößt einen gutturalen, nicht mehr menschlichen Laut aus. Und wenn man fragt, was los ist, drückt sie die Hand auf die Brust und flüstert: ›Ach, nichts.‹

Irgend etwas geht mit den Eltern vor, wenn die Kinder erst Teenager geworden sind. Es befällt sie eine Art vorzeitiger Senilität. Sie wissen überhaupt nichts mehr. Es hat eine Zeit gegeben, da konnten sie eine Ampel auf Grün umspringen lassen, indem sie pusteten, und waren auch nie verlegen um Antworten auf Fragen wie: ›Wieso hat der liebe Gott nie geheiratet?‹ Und jetzt fangen sie plötzlich an, dauernd das gleiche zu sagen. ›Mach die Tür zu.‹ Sogar vor Dritten habe ich meine Mutter manchmal verbessern müssen. Junge, an dem Abend, als sie nicht mehr wußte, daß meine Schwester mit drei Jahren die Schüssel mit Schokoladenteig auslecken durfte und ich erst mit fünf, hab ich allen Respekt vor ihr verloren. Als sie dann mal sagte: ›Warum läßt du mich nicht in Frieden und hörst auf, mich zu sezieren!‹ und ich ihr ›sezieren‹ vorbuchstabieren mußte, tat ich das nicht gern, aber irgendwer muß es ihr schließlich sagen. Ungefähr in diesem Alter bekommen sie gewisse Anpassungsschwierigkeiten. Kaum zu glauben, aber Mom ist an eine Zapfsäule mit Selbstbedienung gefahren und wollte die Tülle für verbleites Benzin in ihren Tank für bleifreies stecken. Sie denkt eben nicht nach. Und als sie den Fehler richtiggestellt hatte, ging sie ihre Rechnung zahlen, und der Tankwart sagte: ›Sie schulden mir sieben Cents für die Zapfsäule Nr. 23.‹ Da sagte sie: ›Ich hab ja das Benzin nicht in meinen Wagen gefüllt.‹ ›Was haben Sie denn damit gemacht?‹ fragte der Tankwart. ›Ich hab es mir auf den Fuß geschüttet. Ich wollte ja bleifrei tanken.‹ ›Auf Ihren Fuß?‹ ›Ja, im Wagen.‹

Das Ganze war peinlich. Ich mach mir Sorgen um die Eltern, ehrlich. Irgendwie scheint ihnen der wahre Mittelpunkt im Leben zu fehlen. Neulich abends räkelten wir Kinder uns mit einem Stapel Videokassetten ganz gemütlich im Wohnzimmer, da erwischten wir die beiden beim Weggehen. Wir fragten: ›Wohin denn?‹ Sie sagten: ›Weg!‹ ›Wohin weg?‹ ›Einfach nur weg.‹ Wir sagten: ›Wißt ihr nicht, wie spät es ist? Um diese Zeit gehen die meisten anderen Leute schlafen. Was ihr euch um diese Tageszeit einhandelt, ist bestimmt nur Ärger.‹ Sie sagten, sie wollten einfach nur mal ein bißchen bummeln. Meine Schwester sagte: ›Ich verstehe echt nicht, wieso ihr nicht hin und wieder mal einen Abend daheimbleiben und mit uns

fernsehen könnt. Das bringt euch doch nicht um.‹ Sie sagten: ›Das ist uns zu langweilig. Außerdem seht ihr immer andere Sendungen als wir.‹ Wir sagte: ›Wir würden gern eure Sendungen sehen, wenn ihr nicht immer vor dem Mist mit dem englischen Akzent säßt.‹ Wir ermahnten sie, rechtzeitig heimzukommen, blieben dann aber die halbe Nacht wach und horchten, bis endlich ein Motor abgestellt wurde und sie heil wieder da waren.
Ich meckre ungern dauernd an ihnen herum, aber sie sind zum Wändeeinrennen. Man redet mit ihnen und meint, sie hörten einem zu, und am nächsten Morgen stellen sie wieder irgendeinen Blödsinn an.
Als meine Mutter noch jünger war, war bei ihr alles wie aus dem Ei gepellt. Jetzt solltest du mal ihr Büro sehen: sämtliche Topfpflanzen vertrocknet, überall um sie herum ausgetrunkene Kaffeetassen mit eingetrocknetem Rest, und der Papierkorb läuft schon fast von allein. Neulich sage ich zu ihr: ›Wann hast du das letzte Mal das Bügelbrett runtergeklappt?‹ Da sagt sie: ›1971, in dem Jahr, in dem wir umgezogen sind.‹ Ich teilte ihr mit, es sei mir furchtbar peinlich, wenn Fremde in ihr Zimmer kämen, und da sagte sie: ›Dann mach die Tür zu. Es ist mein Zimmer und sie haben nichts darin zu suchen.‹ Ich sag dir's ehrlich, ich werde froh sein, wenn Mom und Dad erst ihre eigene Wohnung haben.
War nett, mit dir zu sprechen, Jeff!«

Du siehst wunderbar aus

Eingestehen würde ich das niemandem, aber wenn die ganze Familie um mich versammelt ist, fühle ich mich – alt. Vielleicht deshalb, weil jetzt keiner mehr schlicht: »Hallo« sagt, sondern alle sagen: »Du siehst wunderbar aus.«

Es war mir lieber, als sie noch fragten: »Wie geht's denn so?« oder etwa wie: »Was hast du inzwischen gemacht?« »Du siehst wunderbar aus« klingt, als wollten sie mich beruhigen. Es kommt mir unaufrichtig vor, weil man das auch manchem sagt, der eben vom Klinikbett im Aufwachraum heruntergerollt ist. Ich muß daran denken, daß vorige Woche auf einer Beerdigung die Leute erst mich umarmten und sagten: »Du siehst wunderbar aus«, dann in den Sarg blickten und feststellten: »Sie sieht wunderbar aus.« Kein Wunder, daß man da mißtrauisch wird.

Doch was noch schlimmer ist: Wenn ich einen Pullover überziehe, kommt der Arm meiner Mutter aus dem Ärmel! Die physische Verwandlung ist dabei noch das wenigste. Nein, ich tue all das, was sie früher tat und mich damit wahnsinnig machte. Ich sammle pfundweise Verschlußclips von Brotpackungen. Wenn ich in einen Wagen steige, lasse ich den Motor erst an, wenn ich sämtliche Spiegel und meinen Sitz verstellt und mein Kleid zurechtgezupft habe.
Ich höre aus einer halben Meile Entfernung, ob irgendwo etwas tropft, und dulde keinen Pullover in meiner Nähe, ohne ihn sofort sauber zusammenzulegen wie in der Strickwarenabteilung. Vermutlich ist es nur noch eine Frage der Zeit, wann ich im Supermarkt eine Papierblume für die Antenne meines Wagens kaufe. Ich war früher so sehr für jeden Spaß zu haben, so ungestüm, so unpraktisch. Ich habe mein Haar um Mitternacht gewaschen und bin im Winter ohne Wollsocken ins Freie gegangen. Heute erzähle ich meinen Kindern, daß ungemachte Betten schädlich für den Teint sind.

Wer war der Trottel, der vor ungefähr fünf Jahren sagte: »Ich bin stolz auf mein Alter. Ich habe mir jede Falte schwer verdient.« Dieser Trottel war ich! Heutzutage hat man keine Falten mehr. Dafür gibt es Schönheitschirurgen. Sogar auf der Beerdigung vorige Woche war schwer auszumachen, ob die Verewigte im Gehen oder im Kommen war. Vermutlich würde es nicht mal so viel kosten, bei mir einiges zu ändern, besonders nicht für jemand mit Phantasie.

Silikoneinspritzungen, um die Stirnfalten zu glätten (275 Dollar), Stirn-Lifts, um Brauen, Tränensäcke und erschlaffte Wangen zu korrigieren (3 000 Dollar). Heim-Lösung: Wegziehen, ehe der Sohn wieder nach Hause zurückkehrt.

Cryo-Chirurgie, d. h. das Abfrieren erhabener und flacher Altersflecken von den Händen (ambulant 100 Dollar). Heim-Lösung: Linien zwischen den Altersflecken ziehen und tun, als seien es Netzhandschuhe.

Beseitigung eines Doppelkinns und Straffung eines faltigen Hühnerhalses (2 500 Dollar). Heim-Lösung: nur noch Rollkragenpullover tragen.

Chemisches Peeling, um Lachfalten um Augen und Mund zu glätten (500 Dollar). Heim-Lösung: sich einen noch nicht stubenreinen jungen Hund anschaffen. Man lacht nie wieder.

Es geht nicht nur ums Aussehen – ich fühle mich auch älter. Ist es, weil ich meine Vergangenheit in meinen Kindern erblicke? Habe ich den Mittelpunkt der Bühne verlassen und werde Jahr für Jahr immer mehr zur Nebenrolle, mit immer weniger Text? Erinnern die Kinder mich an das, was ich einmal war?

Soviel aber weiß ich genau: Nie wieder gehe ich zu einem Klassentreffen! Es ist zu deprimierend. Alle wollen aussehen, wie sie ausgesehen haben, als sie zwölf waren. Und jeder will der- oder diejenige sein, in dessen Person sich die Hoffnungen der Klasse erfüllt haben.

Wer braucht so was? Was haben die je für mich getan? Mir

beigebracht, einen Satz zu zerlegen und drei spanische Verben zu konjugieren. Aber manche sind ein fester Bestandteil jedes Klassentreffens und würden es nicht um die Welt versäumen. Sie saugen es alljährlich genußreich ein und spielen das Spielchen »Uhr-Zurückdrehen«. Wer jedesmal dabei ist, sind Versicherungsvertreter. Für sie bedeutet so ein Klassentreffen 500 Anrufe. Zeigt man ihnen ein Familienfoto, holen sie von irgendwoher den Pinsel des Retuscheurs, löschen Daddy aus dem Bild und lassen einen ohne Einkommen und mit 130 000 Dollar Hypothekenschulden zurück. Die wissen, wie man Leben in eine Party bringt!

Ebenso unweigerlich dabei sind alle ehemaligen Klassenschönheiten, deren Büstenumfang schon damals höher war als ihr I. Q. Sie sind nicht zu übersehen, weil sie die einzigen sind, die zwei Namensschildchen für ihren Oberkörper brauchen.

Auch kann man sich darauf verlassen, daß unter den Anwesenden Reiche sind, die früher einmal arm waren. Sie fahren funkelnagelneue Wagen, geben einem »ihre Karte« und verstecken sich auf der Toilette, wenn für den Ausbau der Universität gesammelt wird. Desgleichen die einst Schüchternen, die jetzt über eine von mehreren Sendern ausgestrahlte Talkshow gebieten. Ihr Motiv für die Rückkehr ist Rache an allen Lehrkräften, die sie nie aufriefen, obwohl sie die Antworten wußten und zu schüchtern waren, um den Finger zu heben.

Irgend etwas verändert sich in mir. Ich fühle es. Immer wenn ich etwas Wertvolles kaufe, sehe ich vor meinem inneren Auge den betreffenden Gegenstand von meinen Kindern bei einem Garagen-Flohmarkt auf zwei Dollar herabgesetzt. Manchmal wache ich nachts auf, in kalten Schweiß gebadet bei dem Gedanken, daß meine Tassensammlung einmal bei jemandem enden könnte, der ein

Blockhaus ausstattet und dem es egal ist, ob das Geschirr zusammenpaßt.
Ich will niemanden ängstigen oder deprimieren. Gott weiß, daß ich nicht schon morgen »abtrete«, aber aus Ordnungsgründen wollte ich vorigen Sommer einige meiner Schätze unter meinen Kindern aufteilen. Ich sehe noch das überraschte Gesicht meiner Tochter, als ich meine siebzehn Jahre alte Nerzstola in die Höhe hielt und fragte: »Weißt du, was das ist?«
Sie setzte die Brille auf und kam näher. »Nein, hilf mir«, sagte sie.
»Weihnachten ... alle sehr niedergestimmt ... Ganze Familie ... Daddy ... Überraschung ...«
Sie nickte. »Hab's schon. Daddy hat es geschossen, und wir aßen es am ersten Feiertag.«
»Es war mein erster Nerz«, sagte ich, »und jetzt gehört er dir.«
Sie war so überwältigt, daß sie kein Wort herausbrachte.
»In meinem Besitz sind noch viele unschätzbar kostbare Erinnerungsstücke, ich weiß kaum, wo ich anfangen soll«, sagte ich. »Ich möchte doch gerecht sein zu dir und deinen Brüdern. Es gibt da noch den Glasdeckel zu einem gußeisernen Schmortopf, den mir meine Großmutter geschenkt hat. Der Schmortopf ist verlorengegangen, aber der Deckel hat noch nicht mal einen Sprung. Hat ja keinen Sinn, erst einen Anwalt drüberzulassen.«
In den folgenden Wochen verteilte ich: einen in Disneyland gekauften, handgeblasenen gläsernen Seeigel, eine Kokosnußkette aus Hawaii und ein altes Notenblatt aus der Zeit, als ich noch Klavier spielte. Ich trennte mich von meinem Klassenring und einer als Schwein bemalten Wäscheklammer mit Rezept im Maul. Als mein Sohn vorbei kam, überreichte ich ihm einen Karton und sagte lächelnd: »Heut' ist heut'!«
Er fragte: »Ist das wieder ein Erbstück zu Lebzeiten?«

»Diesen Teppich habe ich für dein Kinderzimmer gehäkelt«, sagte ich und rollte ihn am Boden aus. »Erinnerst du dich noch an das kleine Segelboot und die Möwen?«
»Ich erinnere mich«, sagte er feierlich.
»Denkst du daran, daß er deine Mutter zwölf Jahre Zeit und mindestens 140 Dollar allein für Garn gekostet hat?«
Zwei Wochen später sah ich den Teppich in seiner Wohnung. Der Hundekorb war damit ausgelegt.

Vielleicht hat Elizabeth Taylor recht. Das Alter ist unvermeidlich, und wir sollten es begrüßen wie einen vertrauten Freund. Es stimmt ja, daß die Energie der jungen Leute die Welt kreisen läßt. Darum habe ich jetzt einen Geistlichen, der nach Antipickelcreme riecht, und einen Arzt, der bei der täglichen Patientenrunde Jeans trägt.
Es hat eine Zeit gegeben, da sahen die Stewards an Bord der Flugzeuge aus, als sei dies ihre erste Stellung. Jetzt sehen die Piloten dieser Maschinen aus, als würden sie sich demnächst zum ersten Mal rasieren müssen.
Mein Gott, was gäbe ich nicht darum, eine *Frau* die Abendnachrichten verlesen zu sehen. Manchmal denke ich, noch eine einzige seidenhaarige Schönheitskönigin mit Jacketkronen auf den Zähnen und frisch angefeuchteten Lippen, denen die kritische Wirtschaftslage entfleucht – und ich schreie!

Als ich an einem Spiegel vorbeikam, zog ich automatisch Wangen und Kinn in die Höhe. Es könnte schlimmer sein. Vielleicht hat mir Mutter ihre Zellulitis vererbt, aber meine Großmutter hat mir mehr hinterlassen: sich selbst. Jahrelang habe ich beobachtet, wie Grandma sich die Haarwurzeln färbte, ihren Körper knetete und ihr Kinn tätschelte in dem Bemühen, den Altersprozeß in die Knie zu zwingen.
Es gelang ihr. Sie war wie eine Timex-Uhr, die man im

Sand vergraben, herumschleudern, unter Wasser halten, verkramen oder fallen lassen kann – sie tickte weiter bis zu dem Tag, an dem sie starb.
Als sie in den Siebzigern war, ging sie eines Tages in eine Baumschule und kaufte sich eine mittelgroße blaue Edeltanne. Der Angestellte der Baumschule sagte: »Sind Sie sich auch drüber klar, daß die Dinger weniger als drei Zentimeter pro Jahr wachsen?«
Da sprach Grandma: »Nun, wenn sie höher wird als das Haus, lasse ich sie trimmen.«
Komisch, so was. Als Mom und Dad so alt waren, wie ich jetzt, erwog ich, jemanden einzustellen, der sie fütterte. Und jetzt ... Ich stellte mich wieder vor dem Spiegel in Positur ... jetzt – Mein Himmel, mein Mann und ich beginnen uns ähnlich zu sehen! Ich hatte es bisher nicht bemerkt, aber wir haben das gleiche entschlossene Kinn, wenn während des Stoßverkehrs die Benzinuhr gegen Null pendelt. Wir beißen uns beide von innen auf die Backen, wenn ein Wirtschaftsprüfer anruft. Wir rollen beide die Augen und blicken zur Decke, wenn ein Redner sagt: »Ich beschänke mich heute auf die vierzehn Hauptpunkte.«
Ohne unser Wissen sind wir miteinander verschmolzen. Sein Haar ist länger, meines kürzer geworden. Seine Hände sind weicher, meine härter geworden. Er hat Bauch entwickelt, ich Oberarme. Sein Brustkasten hat sich durch Leibesübungen ausgedehnt, der meine senkt sich zu den Knien herab. An meinen Doppelkinnen ist das Schokoladeessen schuld, an seinem das Aufrechtschlafen in einem Sessel, aber sonst sind es die gleichen Doppelkinne.
Wir beenden nicht nur einer des anderen Sätze, wir brauchen sie nicht erst anzufangen. Erst gestern morgen, wir lasen beide die Zeitung, fragte ich: »Gehst du heute wieder?« Und er antwortete: »Wozu?«

Ich sagte: »Man sollte meinen, Reagan würde eine Erklärung abgeben ...«
Er sagte: »Hat er ja. Lies den Roman weiter. Brauchst du was, wenn ich schon gehe?«
Ich sagte: »Warum gehst du immer ins gleiche Geschäft? Du weißt doch, die haben nie ...«
Er sagte: »Doch, vorige Woche, und da wolltest du keine.«
Ich sagte: »Meinst du denn, sie fangen an zu ...«
Er sagte: »Nie im Leben.«
»Wie kommt es dann, daß du ...«
»Zufall ...«
Vielleicht ist das Alter barmherziger zu uns, als wir glauben. Bei meinen schlechten Augen kann ich ja gar nicht sehen, wie schlimm ich aussehe, und bei meinem miserablen Gedächtnis habe ich so manche Entschuldigung, mich vor etwas zu drücken. Ich weiß nicht mehr, wo der Sicherungskasten hängt, wieviel Öl der Wagen braucht und wie ich die ausgegebenen Schecks im Scheckbuch registrieren soll. Außerdem verbindet uns eben dies: Er hat eine Frau, die vor dem offenen Kühlschrank steht und vergessen hat warum, und ich habe einen Mann, der durch das ganze Haus schlendert, plötzlich innehält und murmelt: »Warum bin ich eigentlich noch mal zurück?« Außerdem liefert er mir fehlende Wörter zu meinen Sätzen, zum Beispiel Croissant, James Michener und Artischocke.
Ich glaube es gibt mehrere Möglichkeiten, mit der Zeit umzugehen. Man kann so sein wie meine Großmutter, die im Alter in einem Intelligenzspiel, bei dem einer gewinnt und einer verliert, einen schlimmen Gegner sah. Man kann aber auch Respekt voreinander haben und in einer Art Kompromiß einigermaßen harmonisch miteinander auskommen.
Ich warf wieder einen Blick in den Spiegel. Meine Knie waren zusammengewachsen, meine Lachfalten tief

genug, um Gerste, Hafer oder Roggen darin anzusäen, und Korbstühle taten mir weh. Ich war ein Teil einer natürlichen Ordnung der Dinge, in der die Zukunft Sache der Kinder war und ich einen Platz in der Vergangenheit einnahm.

Als ich einen tiefen Atemzug tat, sah ich das Gesicht meines Vaters neben mir aus dem Spiegel schauen. Er sagte: »Du siehst wundervoll aus. Ehrlich.«
»Sag doch so was nicht!«
»Du willst nicht, daß ich dir sage, daß du wundervoll aussiehst?«
»Sag mir was, was ich glauben kann«, antwortete ich. »Mir ist, als sei ich im Soufflé meines Lebens und jemand hätte eben die Tür zugeknallt.«
»Du hast's nötig, dich zu beklagen«, sagte er. »Eben sag ich zu einer Verkäuferin im Supermarkt, ›Das war's dann wohl‹, da antwortet die mir doch: ›Abtreten müssen wir alle mal, Opa.‹«

Wem sein Heim seine Burg ist, der soll sie auch sauberhalten

Im Fernsehzimmer hielt mein Vater mir die Tasse hin, und ich goß ihm Kaffee ein. »Wieso kaufst du im Supermarkt? Ich dachte, du bist in Pension?«
Er senkte die Stimme zu einem Flüstern. »Jemand muß doch den Haushalt in Schwung halten«, sagte er. »Deine Mutter würde ja alles verkommen lassen. Hast du eine Ahnung, was ich vorige Woche im Kühlschrank gefunden habe? Einen Würfel Hefe mit dem Verfallsdatum 17. Juni. Wenn ich mein Geschäft so geführt hätte, wie sie ihren Haushalt, wäre ich bankrott gegangen.«

Mein Vater. Ich weiß den Tag nicht mehr, an dem ich die Vorsilbe »Stief« vor seinem Titel fallen ließ. Ich sprach von ihm als meinem Dad, und das schien irgendwie richtig.

Wie lange war es damals schon her, daß er sich als Ersatzmann ins Elternspiel eingeschaltet hatte? Gewöhnlich wird ein Mann, der in die Bresche tritt, wenn das Team in Schwierigkeiten ist und man jemand braucht, der das Spiel gewinnt, von allen geliebt.

Tut das aber ein Stiefvater, so wirft man ihm vor, er »mische sich ein«.

Denken Sie nur einmal an einen Aushilfslehrer: Er ist ein bißchen neu und naiv und macht vieles verkehrt und doch geht die ganze Klasse für ihn durchs Feuer. Ein Stiefvater aber ist auch eine Aushilfe, und man findet ihn erst mal »doof«.

Alles jubelt einer Zweitbesetzung im Theater zu, die in letzter Minute einspringt und ohne große Probenerfahrung die Rolle übernimmt. Da sitzt man im Dunkeln und hofft, Zeuge der Geburt eines neuen Stars zu werden. Ein Stiefvater aber »sucht sich an die Stelle des Stars zu drängen«.

Es ist nicht leicht, zu einer Familie zu stoßen. Sie gleicht einem sehr exklusiven Country Club, der von seinen Mitgliedern Unmögliches verlangt und dessen Beiträge für Außenseiter exorbitant hoch sind.

Er hat damals Gott sei Dank durchgehalten.

»Verstehst du«, fuhr er fort, »ich versuche deiner Mutter den Gang in den Supermarkt abzunehmen. Sie ist darin total unfähig. Stell dir vor, 16 Dollar pro Minute auszugeben ohne Einkaufsliste! Diese Frau liest kein Etikett, um zu sehen, was in einer Dose drin ist, sie greift einfach ins Regal, von ihr aus könnten Schweinelippen drin sein.«

Während Dad in seiner Tirade fortfuhr, dachte ich im

stillen, daß es zweierlei gibt, was eine Frau selber tun muß: gebären und einkaufen. Ich war mit meinem Mann mehrmals in Geschäften. Er steht immer herum wie ein schlafender Kranich auf einem Bein. Männer werden nie begreifen, daß Einkaufen etwas Spontanes, Impulsives, ein übermütiges Abenteuer sein sollte.

Meist war ich schon mitten im zweiten Regalgang, bis ich merkte, daß er noch im ersten war und sich bemühte, das Rad des Einkaufskarrens zurechtzurücken.

»Den Wagen da kannst du nicht nehmen«, pflegte er zu sagen. »Bei dem laufen die Räder alle in verschiedene Richtungen.«

Weibliche Kunden sahen ihn nur an und schüttelten den Kopf. Es machte mich wahnsinnig, als er per Taschenrechner ausrechnete, daß ich pro Unze ein Cent sparen könnte, wenn ich flüssige Wäschebleiche kaufe. Und zwischen seinen vergleichenden Kalkulationen richtete er den Wagen ein, steckte alle steuerpflichtigen Waren in die eine Ecke, alle Molkereiprodukte in die andere und umhüllte die Eier mit einem Wall aus Toilettenpapier.

Es hat jemand mal eine Studie erarbeitet über Männer in Supermärkten und herausgefunden, daß sie schlicht eigenartig sind. Sie kaufen nie in Tenniskleidung ein, stehen nicht herum und klatschen, geben nicht mehr aus, als sie bei sich haben. Nie betatschen sie Waren in der Gemüseabteilung, kaufen nie Bäume, Unterwäsche oder Musikkassetten im Sonderangebot. Sie sind wohl nie darauf gekommen, daß 16 Dollar pro Minute ausgeben *Spaß* machen muß – was sonst soll denn Spaß machen?

Offengestanden hätte ich nicht gedacht, daß mein Vater so häuslich werden würde.

Früher war er ein Mann, der die Brotscheibe im Toaster nicht herunterdrücken konnte und »Aspik« für eine Skihütte in Colorado hielt. Am Tage nach seiner Pensionierung aber sprach er wie ein Experte über Möbelpflege

und übernahm den ganzen Haushalt. Rückblickend glaube ich, hat es damit angefangen, als er sich den »befreiten Männern der achtziger Jahre« anschloß, den Schutzheiligen jener, die da »morgens den Kaffee kochen«.
Nur davon sprach er. Für ihn lag »morgens den Kaffee kochen« etwa auf der gleichen Schwierigkeitsebene wie das Austragen eines Babys in den letzten drei Schwangerschaftsmonaten.
Mom und ich wollten nicht undankbar erscheinen, aber das Kaffeekochen gehörte nun mal zu den einfacheren unserer Tätigkeiten und hatte für uns den gleichen Stellenwert wie das Wegwerfen einer Plastiktüte in den Abfalleimer oder das Herausnehmen eines tiefgefrorenen Huhns, um es aufzutauen.
Bis zu diesem Augenblick hatte mein Dad noch nie etwas im Haushalt getan. »Morgens den Kaffee kochen« war etwas, was er ohne Gefährdung seiner Männlichkeit tun konnte.
»Weil wir gerade davon sprechen, etwas an den Nagel zu hängen«, sagte ich zu meinem Dad, »dein Enkel denkt daran, sich pensionieren zu lassen.«
»Wovon pensionieren? Der ist doch noch viel zu jung.«
»Es gibt einen Präzedenzfall«, sagte ich. »Björn Borg hat mit 26 Jahren aufgehört, Tennis zu spielen.«
»Was, so früh?« rief er erschrocken.
»Nun ja, wenn du einmal auf dem Titelblatt der Zeitschrift TIME erschienen und deine Autobiographie geschrieben hast – was bleibt dann noch?«
»Ich verstehe die heutige Jugend nicht«, murrte er. »Ihr fehlt einfach der Ehrgeiz vorwärtszukommen, den wir hatten.«
Das stimmte. Sie trachteten nie nach dem Beruf des Arztes, weil man sich dabei bis über die Ellbogen hinauf waschen mußte. Es wollte keiner Geistlicher werden,

denn der mußte am Sonntag arbeiten. Sie wollten nicht Präsident der Vereinigten Staaten werden, denn da hatte man keine Hoffnung auf Beförderung.
»Wollte er nicht mal Handballspieler werden?« fragte Dad.
»Das schon, aber nur, weil man dabei laut schreien, sich die Hände an der Hose abwischen und in aller Öffentlichkeit ausspucken darf. Mach dir keinen Kummer, Dad, er kommt schon noch zu sich. Ich hol dir inzwischen noch eine Tasse Kaffee aus der Küche.«
Mein Dad lächelte schief.

Das Problem mit den Kindern ist, daß sie heutzutage viel zuviel bekommen. Sie werden ja ständig beschenkt. Warum sagt denn niemand den Jugendlichen die Wahrheit über die Arbeit? Da wächst eine Generation heran, der man eingeredet hat, Arbeit müsse Spaß machen, sinnvoll sein und einen innerlich befriedigen. Zum Kuckuck, das stimmt doch überhaupt nicht. Arbeit ist Disziplin, Konkurrenzkampf und Wiederholung. Das Zeitungsaustragen war also nicht das erträumte Erlebnis? Der Dreck und Schweiß auf dem Bau hat auch nicht befriedigt? Und das Klinkenputzen beim Verkauf eines auf Samt gemalten Bildes von Elvis war ebenfalls nicht gerade das Gelbe vom Ei?
Das liegt daran, daß ihr Arbeit mit Erfolg verwechselt habt! Erfolg, ja, der ist befriedigend, sinnvoll und macht Spaß. Arbeit ist nichts anderes als zähes Dranbleiben. Warum tun wir sie dann? Weil das die moralische Grundlage ist, die zählt, und wenn wir uns an so etwas nicht halten, verlieren wir etwas, das wir zum Überleben verzweifelt nötig haben – die Menschenwürde.

»Dad, komm mal schnell her!«
»Was ist denn?« rief er.

»Ich bin in der Küche, um uns noch Kaffee zu holen, aber ich bin nicht allein«, sagte ich. »Aus dem Augenwinkel habe ich einen Schatten vorbeiflitzen sehen.«
Mein Mann kam dazu: »Was ist los?«
»Hier drin ist ein Tier.«
»Welche Art Tier?« Er lachte in sich hinein. »Ricky Raccoon? Das fliegende Eichhörnchen? Smokey der Bär? Oder wie wär's mit Dumbo oder Pogo? Ich bitte um Namen!«
»Es war eine ekelhafte Maus, und hör bitte auf so zu reden, als trüge sie einen Pullover mit Monogramm!«
»Wie sah sie denn aus?« wollte er wissen.
»Groß!«
»Es war sicher nur eine Babymaus, die aus der Garage hereingekommen ist.«
Ein wahrhaft weises Wort von einem Mann, der mir voriges Jahr einreden wollte, der Heuschreckenbefall in meinem Haus bedeute Glück, und dabei haben die Biester mir zwei Teppiche aufgefressen. Auch ich war einst naiv, was Tiere betrifft. Ich wollte gern glauben, sie wären alle männlich, unverheiratet und allein unterwegs ...
»Bill«, sagte ich, »ich möchte, daß du in ein Eisenwarengeschäft gehst und mir folgendes kaufst: fünfzehn Mausefallen, fünfunddreißig Schachteln schmerzloses Rattengift, achtzehn Insektengiftspraydosen, fünf Flaschen rasch wirkenden Nebelwerfer, fünf Plastik-Fliegenklatschen und einen Hammer.«
»Hast du auch genügend Kurzstreckenraketen im Haus?« fragte er, stieß meinen Dad mit dem Ellbogen in die Rippen und lachte.
Mein Sohn kam nun auch noch und sagte: »Worüber lacht ihr denn?«
»Deine Mutter ist so ulkig«, sagte sein Opa. »Wegen einem Mäuschen wird sie ganz hysterisch.«
Mein Sohn stürzte durch die Küche und griff nach der

Schachtel neben dem Toaster. »Das war kein Mäuschen. Das war das Abendessen für meine Schlange!«
Gelassen ging ich aus der Küche in mein Schlafzimmer. Dort schloß ich die Tür hinter mir, warf mich aufs Bett und schrie.

Deinen Job hätte ich gern ...

Ich liebe dich, »Jane Goodall«! Ehrlich!
Ich war voller Neid, als du damals in den sechziger Jahren nach Afrika reistest, um Paviane und Schimpansen zu beobachten. Ich fragte mich: »Lieber Gott, warum eigentlich nicht ich?«
Die Stille, die Langeweile, die Abgeschiedenheit von der Welt – das hätte mir gefallen. Warum war mir bestimmt, daheimzubleiben und mich mit Smog, streitenden Kindern und aggressiven Essensresten herumzuschlagen?
Von Zeit zu Zeit sah ich dich im Studienprogramm, und es beschäftigte mich noch tagelang, wie ich ein Paar Shorts und ein verblichenes Männerhemd anlegen, mir die Haare in einen Pferdeschwanz zurückbinden (Woher nimmst du die vielen Gummibänder in einem Land ohne Türdrücker?) und auf einen einsamen Hügel steigen wollte, um alles Beobachtete niederzuschreiben.
Keine Strumpfhosen mehr, die einem die Hüften zusammenschnüren, keine auf Null stehende Benzinuhr, keine Notwendigkeit, sich die Beine zu rasieren, keine Ratespiele im Fernsehen, keine Zeitungen in den Fallröhren der Dachrinne, kein allabendliches Verrammeln des ganzen Hauses, als sei es Fort Knox. Nur seliger Friede und die Überlegung, ob man auch für den nächsten Tag noch saubere Shorts hat.
Manchmal, meine liebe Jane, vergehen Monate, ohne daß ich »deiner gedenke«, und dann wieder, in den Wochen

unmittelbar vor Feiertagen, denke ich sehr viel an dich. Ich denke an dich, wenn die Kinder heimkommen und zwei davon drei geschlagene Stunden lang *Heart and Soul* auf dem Klavier hämmern. Ich denke an dich, wenn wir alle sechs Stunden keine Milch mehr im Hause haben. Ich denke an dich, wenn sie alle mit ihren Gerüchen und Geräuschen und Besitztümern in mein Privatterritorium einbrechen. Ich denke an dich, wenn eine schwangere Maus mir entwischt, die Fruchtbarkeitshormone genommen hat und jede Minute in meinem Gebälk mehrere Junge werfen wird. Ich bin eine Verzweifelte, liebe Jane, die in einer Atmosphäre lebt, wie man sie nur auf der Toilette eines Autobusbahnhofs antrifft.
Deinen Job will ich!
Ich möchte an einem Abhang sitzen und wissen, daß nicht im Augenblick, wo ich mich niederlasse, das Telefon klingelt. Je länger ich meine Familie beobachte, desto weniger bedrohlich und zivilisierter scheinen mir die Paviane. Du hast offenbar den leichteren Weg gewählt. Nun, in ein paar Wochen werde ich mich wieder gefangen haben. Ich bin ja ein Stehaufmännchen – aber an deiner Stelle würde ich manchmal einen Blick über die Schulter werfen.
Deinen Job will ich auch, du »Glücksfee« im Fernsehen. So was ist ein Kinderspiel. Morgens schläfst du lange, fährst ins Studio, läßt dich schminken und schaust dann dreißig Minuten lang den Leuten am Glücksrad oder an der Lostrommel zu. Du brauchst nur zu lächeln.
Du brauchst nicht mit Verkehrsampeln zu kämpfen oder gefrorene Hamburger im Trockengang der Spülmaschine aufzutauen oder nasse Strumpfhosen anzuziehen. Wieso bin ich nicht an deinen Job geraten?
Oder an den einer Friseuse für Film- oder Rockstars. Ich könnte den ganzen Tag dasitzen und Drehaufnahmen ansehen und Schokolade essen, und einmal in sechs

Monaten riefe man mich, und ich sprühte rasch eine Kanne Sprayfarbe oder Schellack in irgend jemandes Haare und hätte dann wieder ein halbes Jahr lang nichts zu tun.
Auch deinen Job, »Lady Liberty«, auch Freiheitsstatue genannt, hätte ich gern. Du darfst den ganzen Tag in einer Art Kaftan herumgammeln, stellst Oberarme zur Schau, mit denen man Brasilien Luft zufächeln könnte, und blickst in die Gegend, als hättest du sämtliche Tauben gefressen, die sich auf Armeslänge näherten. Du hast eine Taille von einem Meter Umfang, einen Mund von einem Meter Breite und einen Arm, der sieben Touristen auf einer Wendeltreppe faßt. Zu dir sagt keiner: »Ist die aber dick!«
Jedoch: nichts zu machen, einen Job habe ich schon. Einen, der mich nach dreißig Jahren verunsichert, enttäuscht und verbittert zurückgelassen hat und dessen Ende nicht abzusehen ist.
Manchmal getraue ich mich, zurückzuschauen und mir zu überlegen, was ich hätte anders machen sollen. Ich fand eigentlich, ich hätte jünger sein müssen, als die Kinder geboren wurden ... ungefähr zwölf oder so. Dann wäre ich noch vitaler gewesen, in einem Alter, in dem man alles komisch findet. Und die Kinder – wenn ich so zurückblicke – hätten älter sein sollen. Die Pannen in ihrem Wasserleitungssystem hätten sich dann vielleicht abstellen lassen, und sie hätten auch manchmal mit einem geredet.
Ich selbst habe zu viel geredet. Ich hatte alle Voraussetzungen zum großen Redner, benutzte mein Talent aber zu wahllos. Andauernd äußerte ich: »Wann werdet ihr endlich groß?« Und als sie es endlich waren, warf ich ihnen vor, sie wollten zu schnell erwachsen sein. Ich habe sie nie angeschaut. Wenn ich auf ihren Mund blickte, sah ich nur den Schmutz rundherum, wenn ich ihre Nasen anblickte,

sah ich sie laufen, wenn ich ihre Augen anblickte, stellte ich fest, daß sie offenstanden, obwohl sie hätten geschlossen sein sollen. Sah ich ihr Haar an, mußte es gekämmt oder geschnitten werden. Nie sah ich das ganze Gesicht, ohne etwas dazu anzumerken.
Über zwanzig Jahre lang drängte ich mich in ihr Leben. Ich zog ihnen Strickjacken an, wenn *mir* kalt war, ich nahm ihnen Bettdecken weg, wenn *mir* heiß war. Ich gab ihnen zu essen, wenn *ich* Hunger hatte, und legte sie schlafen, wenn *ich* müde war. Ich gab ihnen Diätnahrung, wenn *ich* zu dick war. Ich ließ sie von einer Freundin heimbringen, wenn es *mir* zu Fuß zur Schule zu weit war. Und dann sagte ich ihnen, sie kosteten mich zu viel Zeit.
Während ich ständig hinterher war, ob auch keine Schmutzränder im Kragen waren, entging mir, daß Reinlichkeit nichts Göttliches ist, wohl aber Kinder.
Und doch, Jane, Glücksfee, Miß Freiheitsstatue, für eure Jobs könnte ich an manchen Tagen jemanden umbringen.
Heute zum Beispiel.

Können wir mal darüber reden?

Sonnabend, 11 Uhr nachts.
Vor der Tür des Gästezimmers blieb ich stehen. Ich wollte wissen, welche Sendung meine Tochter sah. Auf dem kleinen Bildschirm lag ein Mädchen mit sinnlichem Mund und faszinierendem Haar mit dem Kopf auf der Brust eines neben ihr schlafenden Mannes. Sie zeichnete Achter in sein Brusthaar. Er wachte auf und küßte sie.
»Ich liebe dich«, raunte sie, »aber ich weiß so wenig von dir.«
»Was möchtest du denn wissen?« hauchte er.

»Wie heißt du mit Nachnamen?«
»Tschernowsky.«
»Ist das polnisch?« fragte sie blitzgescheit.
Es war die übliche Geschichte des schnellen Sex. Man nehme ein Bett und rühre um.
»Heiraten eigentlich die Leute nicht mehr?« fragte ich.
»Nicht, wenn man seine Steuerklasse beibehalten will«, sagte meine Tochter.
»Willst du damit sagen, daß die Ehe keine 30 Prozent Zuschauer mehr im Fernsehen anlockt? Daß ein Paar nicht dreizehn Wochen lang zusammenhalten kann, ohne daß die Serie abgesetzt wird?«
»Ich will nur sagen, daß Heiraten nichts besonders Dramatisches, Berauschendes, Leidenschaftliches oder Fesselndes ist.«
»Dein Vater und ich halten wahrscheinlich nur wegen der Sozialversicherung durch, wie?«
»Mutter, solche Reden möchte ich nicht mehr hören.«
»Ich will ja nur wissen, woher der Widerstand gegen die Ehe kommt.«
»Es gibt im Leben anderes als Socken waschen und Bohnen abfädeln«, sagte sie. »Frauen müssen wissen, wer sie sind, und einen befriedigenden Beruf ausgeübt haben, ehe sie sich binden. Sogar die Barbiepuppe hat sich mit jemandem zusammengetan.«
»Ja, mit Ken, sie hat Brustumfang 5 Zentimeter, braucht sich wegen des Haarfärbens nie Kummer zu machen und bloß ihren Kopf abzunehmen.«
»Genau«, sagte sie und knipste den Fernseher aus.
»Es ist nicht leicht für eine Achtundvierzigjährige, sich wieder in den Arbeitsmarkt einzugliedern.«
»Barbie ist achtundvierzig und denkt noch immer nicht an Heirat. Schau nicht so schockiert, Mutter, was dachtest du denn, was Ken und sie in der Schachtel unter dem Bett tun – das Gesangbuch lesen?«

»Doch nicht Barbie?«
»Wenn du der das Gummiband aus den Haaren nimmst, fällt ihr das Gesicht auf die Knie.«
»Du bist unnötig grausam. Ich hab von meinen Kindern nie viel verlangt, nur daß sie heiraten und mich zur Schwieger- und Großmutter machen – und zwar in genau dieser Reihenfolge.«
»Es würde dir nicht gefallen«, sagte sie. »Wie ich höre, wird die Schwiegermutterschaft überschätzt. Verlaß dich drauf, die Schwiegermutter fährt neben ihrem Sohn auf dem Beifahrersitz zur Kirche und danach in einem anderen Wagen heim. Bei der Trauung sitzt sie in der ersten Reihe und beim Empfang hinten in der Küche.«
»Das glaube ich nicht.«
»Und das einzige Mal, daß sie ihr Enkelkind kriegt, ist, wenn es eine ansteckende Krankheit hat, weil dann ein normaler Babysitter nicht kommt. Im übrigen ist es jetzt gar nicht mehr so leicht, jemanden zum Heiraten zu finden.«
»Du hast also doch schon mal daran gedacht?«
»Eigentlich nicht. Nur daran, daß im Jahre 1955 2 077 719 männliche Kinder geboren wurden. Von diesen starben 872 638 durch Kriege, Unfälle und aus natürlichen Ursachen, daher blieben ... kommst du noch mit?«
Ich nickte.
»Da 10 % davon heiraten und 5 % sich wieder scheiden lassen, darf man davon ausgehen, daß 15 % der Gesamtanzahl einander heiratet und sich wieder scheiden läßt, somit bleiben 1 020 919. Davon sind 10 % Homosexuelle, es bleiben also nur mehr 918 827 Heiratsfähige. Von dieser knappen Million auf dem freien Markt angebotener Kandidaten sind 5 % durch einen Mutterkomplex gebunden. Bleiben also nicht viele, die nach einem Mädchen suchen, das ihnen die Kleider herauslegt, ihnen das Bad einläßt, sich die Finger verbrennt beim Schälen ihres Dreiminu-

teneis, ihre Besorgungen erledigt, jedes Jahr ein Kind von ihnen austrägt, aussieht wie ein Mannequin, sie bei Krankheiten pflegt und außerdem einen Ganztagsjob in der Stadt ausfüllt, damit man die Raten für das Boot abzahlen kann. Im übrigen hat sich Oma meines Falles schon angenommen. Sie behauptet, ich brauche nur eine ›Persönlichkeit‹ zu sein und Humor zu haben, dann stehen sie Schlange vor der Haustür.«
Ich wollte nicht glauben, daß Oma auch noch ihrer Enkelin mit dieser ollen Kamelle gekommen war. Das hatte sie nämlich schon zu mir gesagt. Ich bin doch kein Trottel. Als ich noch zur Schule ging, sah ich Jungen einigen Mädchen den Hof machen, die soviel Persönlichkeit hatten wie übriggebliebene Spaghetti, doch sie hatten eine gewaltige Oberweite und fanden daher sogar einen Verehrer, der sie zum Zahnsteinentfernen fuhr.
Persönlichkeit und Humor waren zunächst ein Witz, später ein Stigma. Wenn jemand ein Mädchen loswerden wollte, das durch den Mund atmete und einen vorstehenden Vorderzahn hatte, hieß es von ihr »sie ist eine wirkliche Persönlichkeit«. Und wenn sie versuchten, einen mit einem Jungen zu verkuppeln, der Erdwürmer züchtete und eine Sammlung spanischer Puppen auf dem Bett sitzen hatte, hieß es von ihm »er hat einen so köstlichen Humor«.
»Denk mal nicht mehr an Oma mit ihrer Persönlichkeit und ihrem Humor«, sagte ich. »Wonach du suchen solltest, ist ein Mann, der Batterien herstellt.«
»Ich dachte, du willst, daß ich einen Arzt heirate?«
»Heirate einen Mann, der Batterien baut und damit seinen Unterhalt verdient, und deine Rosenlippen werden nie wieder Plastik berühren.«
»Na, weißt du...«
»Wenn ich es dir sage: Wir sind von der Steinzeit zur

Batteriezeit übergewechselt. Vier bis sechs oder acht Batterien steckt man heutzutage in alles und jedes, von der Armbanduhr bis zu elektronischen Spielen und der Zahnbürste. Weihnachtskarten sind batteriebetrieben, genau wie Heimcomputer, Kameras und Puppen. Niemand will mehr etwas, was nur dasteht und nichts tut.«
»Du hast eben drei Viertel aller Ehen dieses Landes geschildert.«
»Wir sind immer noch beim Thema«, sagte ich. »Wenn du mich fragst, suchst du an den falschen Stellen. Du suchst in Bars und Sportclubs. Vergiß die Bars. In einer Bar ist jeder lustig, und den Sportclubs darfst du schon gleich gar nicht trauen. Da zieht jeder den Bauch ein. Aber es gibt eine Alternative zur Barszene.«
»Und die ist?« fragte sie mißtrauisch.
»Der Supermarkt. Ich hab's im Fernsehen gesehen. ›Abend für Singles‹, für Männer und Frauen, die sich in einer natürlichen Umgebung begegnen wollen.«
»Was ist daran natürlich, daß man die gleiche Avocado drückt?«
»Die Idee klingt fabelhaft. Beim Eingang kriegt man ein Namensschildchen, und das erste Paar, das Telefonnummern austauscht, kriegt irgendwo ein Gratisessen, und danach werden Gesellschaftsspiele gespielt.«
»Welche?«
»Weiß ich nicht. Jemand hat gesagt, sie hätten mit Toilettenpapierrollen Kegel geschoben.«
»Schweig stille mein Herze«, sagte sie. »Wetten, daß alle fünf Minuten über Lautsprecher kommt: Achtung, verehrte Kunden, Sonderangebot diese Woche, unsere Napfkuchen, Mitte zwanzig, ledig, die Seele des Regals, Ansehen kostet nichts. In Gang drei.«
»Warum drückst du alles so aus, daß es sexistisch klingt?« fragte ich.
»Weil es das ist. Irgendwie sehe ich mich nicht im glei-

chen Augenblick nach den gleichen Weizenkeimen grapschen wie den Mann meiner Träume.«

»Triffst du dich noch manchmal mit dem, den du vorigen Monat mal mitgebracht hast?«

»Der war oberflächlich, stumpfsinnig, roh, chauvinistisch, verheiratet und protzte damit, daß er gern Feuer legt.«

»Dann hättest du ihm doch die Chance lassen sollen. Und was ist mit dem anderen, der so gern die ›Muppet-Show‹ im Fernsehen sah?«

»Der glaubte, ›Parvenu‹ sei ein Regenschirm!«

»Und der Buchhalter, der noch daheim bei seiner Mutter wohnte?«

»Der dachte, ›Parvenu‹ sei eine spanische Wand.«

»Hat dich dein Bruder nicht neulich mit einem netten Jungen bekannt gemacht?«

»Was mein Bruder sich so unter einem netten Jungen vorstellt! Der kam in einem Abschleppwagen mit dem Aufkleber: Dieser Wagen ist stark, doch wurde schon manche Jungfrau in ihm schwach.«

»Seltsames Bild.«

»Mutter, wir wollen doch zum Kern dieser Unterhaltung zurückkehren! Wer von deinen Freundinnen hat denn eben einen neuen Enkel gekriegt?«

»Mayva.«

»Ich hab's ja gewußt!«

Das letzte, was ich möchte, ist, meinen Kindern Schuldgefühle zu vererben. Ich habe mich nie in ihr Privatleben einmischen und eine Last werden wollen, doch finde ich schwer begreiflich, daß sie mich an gebrochenem Herzen sterben lassen wollen – nämlich, ohne Enkelkinder zu hinterlassen.

Ist denn das zuviel verlangt? Eine bescheidene Hochzeit, ein paar Monate gegenseitiger Anpassung, eine voll ausgetragene Schwangerschaft und dann circa zwanzig

Jahre ihres Lebens, um ein Enkelkind aufzuziehen. Erwarte ich zu viel?
Was glauben die denn, wie ich mir vorkomme, wenn alle meine Altersgenossinnen dicke Brieftaschen mit 65 Schnappschüssen ihrer Enkelkinder zücken, und ich habe in meiner noch immer nur ein paar Filmschauspielerfotos?
Ist es nicht schlimm genug, vor Weihnachten neben anderen Frauen meilenweit durch Spielwarenabteilungen zu traben und mir anzuhören, wie ihre kleinen Engelchen ihnen die Arme um den Hals legen und sagen »Ichappichlieboma«? Ich muß mir immer vor Augen halten: Wenn meine Gören nicht bald loslegen, werde ich die einzige Oma sein, die nicht mehr selbständig essen kann.
Warum schieben sie es auf, eine Familie zu gründen? Könnte es sein, daß wir sie mit unserer Vollkommenheit eingeschüchtert haben? Oder mit unserer Unvollkommenheit? Nein, wahrscheinlich doch mit unserer Vollkommenheit.
Vielleicht glauben sie, sie schaffen es nicht, eine Geburtstagstorte um halb zwölf Uhr nachts noch heiß aus dem Ofen zu reißen und sie in einen gähnenden Mund zu stopfen mit den Worten: »Iß, in 36 Minuten hast du nicht mehr Geburtstag!«
Oder den Hund in Tomatensaft zu waschen, wenn er einem Stinktier begegnet ist, und dabei einem Hupkonzert standzuhalten, oder mitten im kältesten Winter eine Wand einzureißen um Platz für einen Pingpongtisch zu schaffen, der später nur dazu dient, um nach der Schule die Bücher darauf zu schmeißen.
Ich sage es ungern, aber in wenigen Jahren bin ich zu alt, um noch Großmutter zu werden. Schließlich hat man ja einem Enkelkind gegenüber gewisse Pflichten. Das richtige Timing ist also entscheidend.
In wenigen Jahren werde ich nicht mehr die Kraft haben,

auf dem Teppich herumzukriechen und zu spielen, länger als zwei Stunden den Babysitter zu machen oder mich all der Weisheiten zu erinnern, die mich zu einer so wundervollen Mutter gemacht haben.
»Es besteht nicht der geringste Grund, warum nicht auch meine Kinder so kläglich angebunden sein sollen wie wir alle«, entfuhr es mir.
Meine Tochter schüttelte lächelnd den Kopf. »Darum geht es, nicht wahr?«
»Ich hab nur Spaß gemacht.«
»Weißt du noch, wie wir klein waren und zu Besuch in einem Haus mit Samtvorhängen, gläsernen Beistelltischchen und weißen Badelaken und du dann immer gesagt hast: Warum nicht? Schließlich haben sie keine Kinder...«
»Damit habe ich aber nicht gemeint...«
»Wenn wir damals das Eßzimmer in eine Spielzeugfestung umgebaut haben, und die ganze Wohnung stand auf dem Kopf, bist du immer hereingekommen und hast gesagt: Dies Haus wird nie nach was aussehen, solange ich Kinder habe. Und ich weiß noch den Tag, an dem wir im Bus in die Stadt gefahren sind und ein totschikker Wagen mit einer Frau in gelbem Chiffonschal neben uns hielt. Da hab ich dich angeschaut, Mom, und keiner brauchte mir zu sagen, wie sehr du sie beneidetest, denn das sah ich. Ich weiß, du hast immer gesagt, wir hätten nie ein Wort von dem gehört, was du sagtest, aber an dem Tag habe ich dich gehört – laut und deutlich!«
Sie hatte etwas gehört, aber was?
Hat sie meine Tränen gehört an dem Tag, an dem sie geboren wurde? Das ist schade, weil ich weder vorher noch seitdem je eine so überwältigende Freude empfunden habe. Lange Zeit konnte ich nicht einmal mit einem anderen Menschen darüber reden. Ich spielte nur mit

ihren Fingerchen und versuchte mir jeden Zug ihres winzigen Gesichts einzuprägen, um den Augenblick auszukosten.
Hat sie meine Gebete gehört, als sie damals nachts den Erstickungsanfall bekam und mir der Verlust von etwas drohte, ohne das zu leben ich mir nicht mehr vorstellen konnte?
Hat sie gehört, was in meinem Inneren vorging, als sie nach dem Examen aufs Podium trat und ich mit nassen Augen im Dunklen saß?
Hat sie gehört, wie selbstgefällig ich damals die Frau im funkelnagelneuen Wagen angeschaut und mir innerlich gesagt habe: Meine Dame, nicht um alles in der Welt möchte ich mit Ihnen tauschen?
Sie hat zugehört, sagt sie. Aber es gibt Gefühle, die machen wenig Geräusch. Stolz hört man nicht. Liebhaben ist so leise wie der Pulsschlag. Und echte Liebe, die ist an manchen Tagen so leise, daß man nicht einmal mehr hört, ob sie noch da ist.
Sie sah mich an und sagte: »Mach dir mal keine Sorgen, ich schaff's schon.«
Und ich sagte: »Kinder können einen manchmal wahnsinnig machen.«
Ich hätte mir am liebsten die Zunge abgebissen.

Führen wir manchmal sinnvolle Gespräche?

Im Fernsehzimmer lag mein Sohn dank des Video-Wunders ausgestreckt auf dem Sofa und sah MIAMI VICE.
Ich hockte auf der Armlehne eines Sessels und hörte zu.
»Mann, wenn du die Fliege machst, schneiden dir dem seine Gorillas die Eier ab. Ich kann dir flüstern, die schielen nach dem großen Ding in Sachen Koks und verbraten dich dabei wie nix, und wenn sie's nicht abzie-

hen können, weil du 'n Knick in der Antenne hast, oder deine Tussi hält nicht dicht – ist Feierabend.«
Ich wandte mich an meinen Sohn. »Stimmt es, daß hier nicht von Prinz Charles und Lady Di die Rede ist?«
»Na ja, ich brauch das ja nicht jetzt anzuschauen, kann ich auch morgen«, sagte er und schaltete schnell auf einen anderen Kanal. »Kein Wunder, daß die Kommunikation zwischen uns so schwierig ist«, sagte ich. »Wir sprechen ja nicht mehr die gleiche Sprache.«
»Das sagst du schon seit Jahren.«
»Weil es stimmt. Ich verstehe die Krimis nicht mehr und hab noch nie verstanden, wovon die Rede ist auf den Platten, die du immer gespielt hast, wenn du hier warst, aber ich bin überzeugt, daß es dabei um Sex, Gewalt, Drogen oder Satanskult ging.«
»Was für ein Album war das denn, und wer hat es herausgebracht?« fragte er plötzlich interessiert.
»Alle waren so. Natürlich habe ich immer nur ›Oh, oh‹ und ›Mann‹ und ›komm schon‹ und ›ichwilldich‹ gehört, aber du sicherlich mehr.«
»Ich muß dir was gestehen, Mom«, sagte er. »Ich hab auch nichts anderes gehört. Wenn da noch mehr dabei war, habe ich es wahrscheinlich auch nicht verstanden.«
Ich glaubte ihm keinen Moment. Schließlich handelte es sich um einen Jungen, der Fernsehfilme mit Michael Jackson so oft gesehen hatte, daß er auf den Punkt genau angeben konnte, wann dessen Ohren sich mit Fell überzogen, einen Jungen, der zwar eine Kellerassel zum Haustier aufwertete, weil er es nicht übers Herz brachte, sie zu zertreten, aber sechs Stunden lang zusah, wie Gräber gegraben wurden. Er fand es unterhaltsam, wenn jemand auf der Guillotine festgeschnallt wurde, wenn Autos explodierten oder ein Kind auf dem elektrischen Stuhl eine Eistüte lutschte. Etwas Sonderbares bewegte sich auf dem Bildschirm. »Was ist denn das?« fragte ich.

»Das ist Cindy Lauper.«
»Was ist mit ihren Haaren passiert? Hat sie so lange auf derselben Seite geschlafen, daß sie dort kahl wurde?«
»Nein, sie hat es so schneiden lassen.«
»Ist das eine Benefizsendung, um für sie zu sammeln?«
»Aber Mom! Das ist ihr neuer Fernsehfilm. Sie ist eine Wucht.«
»Eine größere Wucht als diese Nichte von Marge Fexter, die bei ihr zu Besuch ist und die gern mal mit dir ins Kino gehen möchte?«
»Ich hab dir doch gesagt, ich gehe nicht mit jemand aus, der in einer vorn durchgeknöpften dunkelgrauen Bluse rumläuft. So was ist ordinär.«
»Du bist wie dein Vater. Mit dem kann ich auch nicht reden.«
Das stimmte. Männer brauchen ewig, bis sie zur Sache kommen. Ich nicht. Sobald er das Haus betritt, sage ich rundheraus: »Warum willst du mich ermorden?« Und dann weiß er sofort, daß er den Thermostaten zu niedrig eingestellt hat und daß es so kalt ist, daß ich Angst habe einzuschlafen.
Genau wie seine Söhne beantwortet er eine Frage immer mit einer Frage.
Wenn ich sage: »Wie gefällt dir mein Kleid?« antwortet er: »Ist so was heute Mode?«
»Wie gefällt dir meine Frisur?«
»Gefällt sie denn dir?«
»Um wieviel Uhr möchtest du essen gehen?«
»Um wieviel Uhr möchtest du denn essen?«
Auch unser Wortschatz ist verschieden. Wenn Frauen fragen: »Wie findest du diesen Auflauf?«, ist »interessant« nicht die erwünschte Reaktion.
Es macht mich rasend, wenn Männer eine lebhafte Telefonunterhaltung mit einer Geisterstimme führen und das zwanzig Minuten lang, ungefähr so: »Nein! Nicht zu

fassen! Was zahlen die jetzt, meinst du? Was, total erledigt? Wie konnte das passieren? Also halt mich auf dem Laufenden, ja? Ruf mich an, notfalls auch mitten in der Nacht.«
Und wenn er dann einhängt und man fragt: »Was war denn?« antwortet er: »Nichts.«
Wieder fesselte das Fernsehen meine Aufmerksamkeit. Ich sah einen Sänger, der sich in eine Hummel verwandelte und hinter einem Mädchen herflog. Als ein Stück Seife verkleidet, erschien er an ihrer Badewanne. Er erschien in ihrer Haarbürste und in ihrem Medizinschränkchen. Er erschien als Käfer, der unter ihre Bettdecke krabbelte. Er kletterte am Empire State Building hinauf, und von Zeit zu Zeit trennte sich sein Kopf vom Körper. Mein Sohn sah mich an. »Nun sag mir nur noch, daß du das nicht verstehst!«
»Du nimmst es mir hoffentlich nicht übel«, sagte ich, »aber ich fürchte, du bist krankhaft veranlagt.«
»Mom, Eltern und ihre Kinder *sollen* sich gar nicht verstehen, daran zerbricht die Feindseligkeit, die wir brauchen, um unsere Beziehung zueinander aufrechtzuerhalten. Weißt du noch, wie du und Dad immer hinter mir her wart wegen meiner langen Haare?«
»Na ja, wir haben es möglicherweise ein paarmal erwähnt.«
»Na, weißt du, Mom! Jeden Abend, wenn du mir den Gute-Nacht-Kuß gegeben hast, hast du mir zugeflüstert ›Laß dir die Haare schneiden, du Hippie!‹«
»Hör mal, ich hab nicht sechsunddreißig Stunden in den Wehen gelegen, um einen Tarzan zur Welt zu bringen«, sagte ich. »Und dazu noch dieser widerliche Bart!«
»Jeder trägt Bart. Der Zauberer Merlin. Doc aus den Sieben Zwergen ... der Nikolaus ...«
»Von denen hatte keiner eine Mutter«, trumpfte ich auf.
»Der Kernpunkt ist der«, sagte er, »weißt du noch, was

passiert ist, als ich mir die Haare schneiden und den Bart abrasieren ließ?«

Ich wußte es noch. Wir wurden einander fremd. Unsere Beziehung war auf dem festen Grund der Kritik aufgebaut gewesen. Seine wallende Mähne und sein Bart verbanden uns. Von dem Augenblick an, in dem er zur Tür hereintrat, bis er wieder ging, hatten wir Kontakt. Gefühle ... Drohungen und – unausgesprochen – Gewissensbisse.

Ich merkte, daß ich unsere nächste Begegnung vorausplante, mir kreative Möglichkeit überlegte, wie ich auf das Thema seiner Haare kommen könnte. Ich pflegte ein Foto eines wohlfrisierten Knaben zu schwenken und zu sagen: »Schau mal, das ist ein Junge, der auch Rock'n Roll mag und bei dem man trotzdem die Ohren sieht.«

Auf einer Urlaubsreise sprachen wir einmal von Gary, Indiana bis Salt Lake City, Utah über nichts anderes. Die Zeit verging wirklich wie im Fluge.

Und dann kam er eines Abends heim und hatte kurze Haare und der Bart war ab. Wir hatten uns nichts mehr zu sagen. Es gab nichts mehr zu schimpfen. Nichts mehr zu kritisieren. Nichts einander mitzuteilen. Schließlich sagte sein Vater: »Warum hast du uns nicht vorher gesagt, daß du dir die Haare schneiden läßt?« Darauf hackten wir den Rest des Abends herum. Es war wie in alten Zeiten!

Vielleicht hatte er recht. Vielleicht geben Eltern sich nicht genug Mühe, mit ihren Kindern in deren eigenem Idiom zu reden. Ich konnte auch nicht einfach damit herausplatzen, wann er sich endlich nach einem Job umsehen würde. Ich versuchte es also in seiner eigenen Sprache.

»Worauf genau gedenkst du deine Talente zu konzentrieren?« fragte ich.

»Ist das ein Problem, das dich bewegt?« fragte er.

»Nun, ich dachte, wir könnten es gemeinsam lösen.«

»Neulich war mal eine Anzeige in der Zeitung, da wurde jemand zum Ausfahren von Pizzas gesucht. Aber so was ist nicht befriedigend.«
Ich lächelte. »Leistung ohne Befriedigung ist nur die Spitze des Eisbergs.«
»Mann o Mann, das stimmt«, sagte er. »Freie Wahl, darum geht es im Leben.«
»Hast du es schon mal beim Funk versucht?« fragte ich.
»Negativ. Das hat keine Geltungskriterien, wenn du verstehst was ich meine.«
»Ich weiß genau, was du meinst«, nickte ich. »Repression ohne positive Mobilität bringt nur wieder eine ersatzweise Entfaltung deiner sprachlichen Talente.«
»He – du verstehst mich echt«, sagte er.
»Ich hab schon immer gesagt, Herausforderung ohne adäquaten Anpassungsdruck ist die Klammer, die uns als Sozialwesen zusammenhält.«
Er lächelte mich an. »Mensch, Mom, ich hätte nie geglaubt, daß du weißt, wie mir zumute ist. Wenn wir dieses Gespräch vor zehn Jahren geführt hätten, hätten wir vielleicht einen besseren Kontakt gehabt. Ich werde versuchen, es so zu machen, wie du gesagt hast.«
Ich wünschte ihm eine gute Nacht.
Ich hätte alles darum gegeben zu verstehen, was ich gesagt hatte.

Wer du auch bist – gute Nacht!

Ich blieb vor dem Badezimmer stehen und hörte Wasser laufen und meinen Sohn vor sich hin singen.
»Bist du zu Hause?« rief ich und klopfte an die Tür.
»Was meinst du wohl?«
»Hast du Handtücher?«
»Hab ich doch immer.«

»Hast du die Hintertür abgeschlossen?«
»War sie denn auf?«
»Wann willst du morgen weg?«
»Mußt du das heute abend schon wissen?«
»Möchtest du hier übernachten?«
»Was ist denn das für eine Frage?«
»Gute Nacht!«
Es war wundervoll zu wissen, daß ich mich mit meinen Kindern noch verständigen konnte.

Sag mir deinen Weihnachtswunsch!

Sonnabend, 23 Uhr 30
Mein Mann saß aufrecht im Bett und las die Zeitung, als ich die Tür leise hinter mir schloß.
»Wo warst du denn?«
»Ich habe mit den Kindern gesprochen«, sagte ich.
»Na, und wie geht's ihnen?«
»Das kannst du sie selber fragen.«
»Du bist noch immer sauer wegen der Maus, was?«
»Nein ich bin nicht sauer wegen der Maus.«
»Dein Vater und ich waren uns einig, daß du übertrieben reagiert hast, als du den Makler anriefst und wolltest, daß er das Haus sofort zum Verkauf ausschreibt.«
»Ich habe bereits gesagt, daß es mir leid tut, also wollen wir es doch vergessen. Sind alle Wagen drin und alle Lichter aus?«
»Mmm. Ich hoffe, das Weihnachtsfoto ist was geworden. A propos Weihnachten: Du hast mir nicht gesagt, was du dir dieses Jahr wünschst.«
»Muß ich dir das erst sagen? Würdest du mich kennen, brauchtest du nicht zu fragen«, sagte ich.
»Wie kannst du so was sagen«, sagte er. »Natürlich kenne ich dich. Ich weiß, du bist praktisch, magst keine Kinker-

litzchen und hast gern Sachen fürs Haus, die du dir selbst nicht kaufen würdest.«

In all den Jahren hat er nie gemerkt, wie ich vor dem Schaufenster von Mrs. Fredericks gestanden und gierig hineingeschaut habe. Man sollte meinen, er wüßte, daß ich immer das ultraelegante Nachthemd wollte, das man nur chemisch reinigen kann ... ein Nachthemd, so ein durchsichtiges, leichtes Ding, daß man sich, wenn es an der Haustür klingelte oder eines der Kinder ins Zimmer kam, einen Mantel oder eine Wolldecke umwerfen mußte, wollte man nicht verhaftet werden.
Und unten herum hatte es genügend Pelzbesatz, daß man es zur mottensicheren Aufbewahrung ins Geschäft bringen mußte.
Ich wünschte mir auch immer eine Art Trikot aus imitiertem Tierfell, am liebsten Leopard oder Gepard und falsche Fingernägel, so lang, daß ich keinen Hackbraten mehr formen konnte, ohne die Hälfte der Fleischmasse unter den Nägeln zu haben.
Und schon immer wollte ich ein paar hochhackige Pantöffelchen fürs Schlafzimmer, in denen man nicht schmerzfrei gehen konnte, die aber schlanke Fesseln machten ... ganz unpraktische Pantöffelchen, die man einzig und allein vom Zeh baumeln lassen oder daraus Champagner trinken konnte.
Bekommen werde ich einen Gemüsedämpfer, das weiß ich jetzt schon.

»Und du?« fragte ich. »Was wünscht du dir?«
»Ach, du kennst mich doch«, sagte er. »Ich sitze am liebsten herum und sehe zu, wie alle anderen ihre Geschenke auspacken. Ich brauche nichts – wirklich nichts.«

Der Grund, warum er nichts braucht – wirklich nichts! – ist folgender: Jedes Jahr, drei Tage vor Weihnachten kauft er sich alles selber. Voriges Jahr brachte er ganze Pakete Unterwäsche, Stöße von Shorts, Hemden und Socken heim. Während ich immer blasser wurde, breitete er aus: eine dicke Jacke für alltags, Pantoffeln als Ersatz für das Paar, das zerfallen war und einen Geldschein-Clip, der ihm ins Auge gestochen hatte.
Ein geheimer Trumpf blieb mir, der Bademantel, den er so dringend brauchte.
Er zeigte mir dann noch einen Handgelenksriemen für Kleingeld und Wagenschlüssel während des Jogging, ein Buch über Angelköder, das er angezeigt gesehen hatte und ein paar fabelhafte Skihandschuhe.
Der Bademantel, den er sich gekauft hatte, trug sein Monogramm.

»Weißt du, was du wirklich brauchst, ist eine Unterstützung im Haushalt«, sagte mein Mann. »Wie wär's, wenn ich dir wenigstens über die Feiertage eine Küchenhilfe suchte?«
»Zu liebenswürdig«, sagte ich. »Aber ich habe Mrs. Rutledge noch immer nicht verdaut.«
»Ja, ich weiß, das war eine unerfreuliche Erfahrung. Ehrlich gestanden, ich habe die Frau nie gesehen.«
Auch ich hatte diese Frau nie gesehen. Wir verständigten uns durch Zettel, die wir auf dem Kühlschrank deponierten. Sie waren meist fortlaufend datiert.
Am ersten Tag, nachdem sie ihren Dienst angetreten hatte, schrieb sie: »Mrs. Bombeck. Der Hund hat einen Haufen ans Sofaende gemacht.« Gezeichnet: Wilma.
Am nächsten Morgen hinterließ ich ihr die Botschaft: »Wilma, ich weiß es.« Gezeichnet: Mrs. Bombeck.
Am folgenden Tag stand da: »Mrs. Bombeck, was soll ich damit machen?« Gezeichnet: Wilma.

Die Antwort kam am nächsten Tag: »Wilma, Sie haben da keine große Auswahl. Sie können Sand drumherumstreuen und ihn als Golfplatz benutzen, ihn als Geschenk verpacken und Ihre Bekannten damit überraschen oder ihn wegputzen. Mir wäre das letztere lieber.« Gezeichnet: Mrs. Bombeck.
Am nächsten Tag schrieb sie: »Mrs. Bombeck, ich wollte heute das – Sie wissen schon – wegputzen, aber der Staubsauger riecht so komisch und klingt irgendwie ulkig, und er saugt auch nicht. Können Sie ihn reparieren?« Unterschrift: Wilma.
Am nächsten Morgen las ich von Wilmas Hand: »Jetzt geht er wieder prima. Was haben Sie damit gemacht?«
Am Tag darauf schrieb ich ihr: »Wilma, ich habe den Staubbeutel geleert.« Mrs. Bombeck.
Es vergingen mehrere Wochen, ehe ein neuer Zettel dalag. »Mrs. Bombeck, Sie kennen doch noch das kleine Problem, von dem ich Ihnen vor zwei Wochen erzählt habe. Ich glaube, ich habe es gelöst. Ich habe das Sofa drüber gerückt, man merkt es jetzt kaum noch.« Unterschrift: Wilma.
Die Notiz am nächsten Morgen war kurz. »Wilma, Sie sind entlassen.« Gezeichnet Mrs. Bombeck.
Wilmas letzte Botschaft am Morgen darauf lautete: »Mrs. Bombeck. Der hat noch anderswohin gemacht, das hab ich Ihnen aber nicht erzählt. Es ist schwer zu finden. Ich bin die einzige, die weiß wo. Adieu.« Gez. Wilma.

»Unsere Kinder glauben immer, wir hätten alles«, sagte ich und knipste das Badezimmerlicht aus.
»Kriegen wir deshalb Katzen in Tennisschuhen und ein Känguruh, dem Bindfäden aus dem Nabel hängen, geschenkt?«
»Vermutlich haben sie recht, und wir haben wirklich alles. In dieser Phase ist die Tatsache, daß sie die Sams-

tagnacht hier verbringen, so viel wert wie eine Geschenkfahrkarte im Orientexpress.«
»Sie versuchen es wenigstens«, sagte er und knipste das Licht über seinem Bett aus.
Versuchen? Sie versuchen ihr Leben lang, es uns recht zu machen, unsere Anerkennung zu erringen, sich ins Familienpuzzle einzufügen. Manchmal vergessen wir, wie schwer es ist, ein Kind zu sein.
Im Dunkeln dachte ich über das Wochende nach und versank langsam in Schlaf.
Als ich schlief, träumte ich, die Rollen wären vertauscht. Meine Kinder wären die Eltern und ich wäre das Kind.
Es war gräßlich, eingeklemmt zwischen all diesen Knien zu stehen. Ich konnte keinen Schluck Wasser trinken, keinen Brief aufgeben, keine Tür öffnen. Im Wagen war es noch ärger. Wenn ich mich nicht beinahe überschlug, um ans Fenster zu gelangen, saß ich auf dem Polster, die Beine waagerecht ausgestreckt und starrte auf die Rückenlehne des Vordermannes. Von Zeit zu Zeit brüllte eines der Kinder-Eltern: »Du weißt doch, daß ich nicht gleichzeitig fahren und dich anschreien kann«, aber das stimmte überhaupt nicht.
Im Supermarkt stand ich ganz harmlos da, da packte mich jemand ohne Vorwarnung und quetschte mir die Beine durch einen Karrensitz, der so kalt war, daß mir die Zähne klapperten.
Bekannt gemacht hat mich nie jemand. Manchmal hieß es: »Das also ist das Gör, über das Sie sich beklagt haben?«, aber im Grunde genommen hatte ich keinen Namen.
Ich mußte schlafen, wenn ich nicht müde war, und essen, wenn ich keinen Hunger hatte, bekam Jacken angezogen, wenn mir nicht kalt war, und wurde ins Schwimmbecken gestoßen, wenn ich gar nicht schwimmen wollte.
Man warf mich in die Luft, wenn ich gerade Bauchweh

hatte, man zwang mich, auf die Toilette zu gehen, wenn ich nicht mußte, und herrschte mich an: »Hör auf zu weinen«, obwohl ich einen durchaus stichhaltigen Grund dafür hatte.

Manchmal lachten meine Kinder-Eltern, und wenn ich sie fragte worüber, sagten sie: »Das erzählen wir dir, wenn du groß bist.« Nie konnte ich etwas recht machen. Ich spielte mit meinem Kaugummi, wischte mir die Hände am Kleid ab, kippelte den Stuhl, schnitt Grimassen, damit sie sich im Toaster spiegelten, und schniefte, statt das Taschentuch zu benutzen. Als ich einmal mit einem Kamm in der Hand in die Küche kam, dachte ich, jetzt sei alles aus.

Das Schlimmste war, wenn ich im Haus von Bekannten meiner Eltern-Kinder war. Dann sagte sie: »Hör mal, Mom, würden du und Dad bitte nicht so trödeln, sonst kommen wir zu spät zu Debbie und Mike. Und ehe wir losziehen, möchte ich eines sagen: kein Gejaule, wann wir wieder heimfahren, und nicht alle paar Minuten ein Rein- und Rausgerenne, kein ›Ich sag's Mom‹. Und nehmt euch um Himmels willen was zu tun mit, irgendein Lieblingsspielzeug. Mom, warum nimmst du nicht deine Stickerei mit? Damit wärst du doch eine Weile beschäftigt. Nein, dein Basteltisch kommt nicht in Frage, Dad, der ist zu groß. Nimm was Kleines mit, meinetwegen deinen Schlüsselring, mit dem kannst du spielen.«

Im Hause angekommen, wurden wir nur kurz vorgestellt. »Also das ist meine Mom und mein Dad, aber ihre Namen vergeßt ihr ja sowieso. Sagt mal schön ›Guten Tag‹. Ja, da schau, eure Eltern sind ja mindestens 30 Zentimeter gewachsen, seit wir sie das letzte Mal gesehen haben. Wie geht's denn so beruflich? Und woher hast du denn das hübsche Kleidchen? Jetzt mußt du aber meine Eltern begrüßen. Mom ist siebenundvierzig und Dad achtundvierzig. Ihr habt bestimmt sehr viel gemeinsam. Jetzt lauft und spielt schön miteinander. Vielleicht zeigt die Mami der Kinder euch ihren Mikrowellenherd oder der Papi den neuen Rasenmäher. So, und jetzt bitte etwas leiser, wir wollen uns unterhalten.«

Wenn dann die Kinder sich wirklich gut amüsierten, traten wir vier zu ihnen und sagten: »So, Kinder, jetzt müssen wir aber heim. Wir sind alle müde. Außerdem muß Dad noch allerlei Zahlen zusammenrechnen bis morgen früh.«

Die Kinder sahen sich an. »Das sieht den Eltern wieder ähnlich, alles aufschieben bis zur letzten Minute. Man kann sie doch wirklich nirgends hin mitnehmen und sich amüsieren. Wie wär's, wir kämen bald mal wieder zusammen – ohne Erwachsene!«

Auf dem Heimweg sagten die Kinder: »Debbie und Mike sind süß, aber ihre Eltern furchtbar verwöhnt. Hoffentlich habt ihr beiden nicht zu viel getrunken, sonst seid ihr die halbe Nacht auf. Und wehe, ihr schlaft auf dem Heimweg ein, sonst lassen wir euch die ganze Nacht im Wagen.«

Mit einem Ruck setzte ich mich im Bett auf.

»Schlecht geträumt?« gähnte mein Mann.

»Pssst«, sagte ich verschlafen. »Man erwartet von uns, daß wir schlafen.«

Jetzt führen sie ihr eigenes Leben

Sonntag, 9 Uhr 20

Von hinter dem Haus drangen die Stimmen bis zu mir. Meine Tochter beschuldigte ihren Bruder, er habe ihre Schallplattensammlung verliehen, und er warf ihr vor, sie habe seinen Haartrockner nicht zurückgegeben. Es war nicht gerade ein Dialog, den man in einen Grundstein einmauern würde.

Ich konnte den Tagesbeginn noch nie ausstehen. Ihn zu überleben, solange Kinder da waren, gab es nur eine Möglichkeit: Selbsthypnose. Ich dachte mir, wenn der liebe Gott gewollt hätte, daß ich am Morgen spreche, hätte er mir ein Tonband in die Brust gelegt und im Nacken ein Schnürchen heraushängen lassen. Mein Grundvokabular am Morgen bestand aus elf Wörtern: »Nein. Mir egal. Im Wäschepuff. Senf oder Ketchup? In Vaters Brieftasche.« Dabei blieb es. In zwei Jahrzehnten kam nichts weg und nichts dazu.

Die Morgen waren unerträglich, weil kein einziges der Kinder auch nur eine Spur von Organisation in seinem Leben hatte. Immer saßen sie früh um 8 Uhr am Frühstückstisch mit gezücktem Bleistift über einem leeren Blatt und fragten: »Jetzt erzähl mir mal alles was du über die ägyptischen Herrscher des fünften Jahrhunderts weißt. Wenn nämlich Miß Shorham nicht bis 10 Uhr einen fünfzehnseitigen Bericht bekommt, behält sie mich für den Rest meines Lebens in der zweiten Oberklasse.«

Oder sie kamen dahergezottelt mit einem leeren Zettel und einem Bleistift und wollten eine Entschuldigung, wonach sie heute den Unterricht nicht besuchen konnten, möglichst mit einem lateinischen Wort für Diarrhoe, um sich nicht genieren zu müssen. Dann war da die Sache mit dem Anziehen. Irgendwo besteht ein ungeschriebenes Gesetz, daß ein Kind zur Schule nur anzieht,

a) was bereits im Korb für schmutzige Wäsche war
b) was gebügelt werden muß
c) was man ihm verboten hat, jemals außer Haus zu tragen
d) was alle anderen tragen
(c und d sind oft identisch)

Kein Mensch wird je erfahren, was zwischen 7 Uhr und 7 Uhr 30 morgens für ein Gespräch stattfand.
»Mom, hast du meinen blauen Pulli gesehen?«

»Den mit den fehlenden Knöpfen und dem Loch?«
»Genau. Heute wird nämlich ein Klassenfoto gemacht.«
Es wurde auch nicht besser, als sie älter wurden. Sie dachten nie voraus. Sie rechneten nie damit, daß es kalt werden oder Regen geben könnte und sie einen Mantel oder einen Schirm brauchen könnten. Sie rechneten nie damit, daß eine Bank ihren Scheck noch am Empfangstag einlösen würde. Sie hatten keinen Zeitbegriff. Sie kamen mit unbewegtem Gesicht in der dritten Augustwoche zu mir und fragten: »Du, Mom, gehst du heute oder morgen zur Post? Ich möchte zum Herbst einen Studienplatz im College beantragen.«
Nie rechneten sie damit, daß ein Flugzeug pünktlich abfliegen würde. Wenn sie zur festgesetzten Abflugzeit nur irgendwo auf der Autobahn waren, fanden sie sich großartig.
»Übrigens«, rief ich den beiden zu, die eben aus der hohlen Hand ein Blätterteighörnchen verschlangen. »Um wieviel Uhr geht die Maschine eures Bruders eigentlich?«
»So um zehn herum«, sagte meine Tochter. »Mach dir keine Sorgen. Wir bringen ihn hin, und dann müssen wir flitzen.«
»Es ist schon zwanzig nach neun«, sagte ich. »Wo ist er denn?«
»Unter der Dusche.«
»Aber er war doch schon gestern abend, als ich schlafen ging, unter der Dusche.«
»Komm zur Sache«, sagte mein Sohn.
»Da ist er ja, der Naßschopf«, sagte meine Tochter.
»Deine Maschine geht um zehn«, sagte ich. »Ich hol jetzt deinen Vater, er wird Adieu sagen wollen.«
Er griff sich eine Milchpackung aus dem Eisschrank und begann daraus zu trinken. »Mom, bleib ruhig. Du kriegst noch einen Herzanfall. Hast du einen größeren Koffer? Ich will ein paar Platten zur Küste mitnehmen.«

Sein Bruder erbot sich, sie zusammenzusuchen, und verließ das Zimmer.
»Wie lange dauert es, etwas in der Waschmaschine zu waschen?« fragte er.
»Mein Gott, jetzt redest du aber wirklich irre.«
»Ich muß noch diesen Kerl wegen der Adresse anrufen.« Er wählte eine Nummer, und ich stand die ganze Zeit hysterisch zappelnd neben ihm. Als er aufhängte, sagte er: »Warte, ich schreib dir noch ein Geschäft auf, in dem kannst du eine neue Maus für die Schlange kaufen. Wenn sie zu hungrig wird, schlägt sie nämlich zu.«
Ich glaubte, mir würde schlecht.
»Wie spät ist es jetzt?« fragte er.
Ich ließ eine Uhr blinken.
»Stimmt. Alle Uhren hier blinken. Ja, Jungens, nun wollen wir mal. Mom, ich habe dich lieb. Auf Wiedersehen an Weihnachten. Ist Dad irgendwo in der Nähe? Ich wollte ihm Adieu sagen ... sag ihm, ich rufe an.«
Die anderen beiden umarmten sich, sagten sich Adieu und kletterten in den Wagen.
Mein Mann kam genau in dem Moment an die Tür, als sie aus der Einfahrt rollten. »Es war wundervoll, ihn zu Hause zu haben. Er ist ein ganzes Stück gewachsen, nicht?«
»Das ist möglich«, sagte ich. »Ich nehme an, er hat viel mit dir darüber gesprochen, was er so macht. Darüber redet man doch mit seinem Vater, nicht?«
»Hattest du den Eindruck, daß er schon weiß, was er will? Über so was spricht man doch wohl mit seiner Mutter.«
»Ich nehme es an«, sagte ich, »aber wenn er schon etwas ganz Bestimmtes im Auge hätte, würde er dich doch um Rat gefragt haben, oder?«
Eine Weile sagten wir beide nichts. Dann ergriff sein Vater das Wort.
»Ich sage dir, wie es ist: Ich hab den Bengel während der

drei Tage seines Hierseins überhaupt nicht zu Gesicht gekriegt.«
»Ich auch nicht«, sagte ich.
»Ich hab ihn mal flüchtig gesehen, an dem Abend, an dem er sich verdünnisierte, weil wir die Dias gezeigt haben, aber nicht lange genug, um was zu sagen. Er war doch hier, oder?«
»Red nicht so albern: Natürlich war er hier. Ich habe mehrfach mit ihm durch die Badezimmertür gesprochen.«
»Moment!« sagte mein Mann. »Hat er einen grauen Pullover mit drei Streifen am Ärmel? Ich glaube, ich habe ihn mal am Abend an der weit geöffneten Tür des Kühlschranks stehen sehen.«
»Das war nicht unser Sohn. Das war sein Freund David.«
»Das hätte ich wissen sollen! Ich hab mich bei ihm entschuldigt, daß ich nicht mehr Zeit für ihn hätte. Also soviel steht fest: Er ist anders geworden. Ja, das ist er!«
Kinder Großziehen war wie Pokerspielen mit Unbekannten. Man wußte nie, spielte man mit einem Bluffer, einem mit Killerinstinkten oder einem, der mitten im Spiel die Regeln änderte. Ich glaube, ich hatte vom Augenblick ihrer Geburt an eine Riesenangst vor meinen Kindern. Ich traute keinem von ihnen auch nur mit einem Mundvoll Erbsenbrei. Selbst wenn ich ihnen nicht mehr die Lippen zusammengedrückt und mich überzeugt hatte, daß sie schluckten, wagte ich nicht, sie aus den Augen zu lassen, weil ich vielleicht alles wieder ins Gesicht bekam.
Ich hatte Kinder, die gut aßen. Sie aßen alles: Stühle, Schildkröten, Decken, Gesangbücher, Schuhe – mit einem Wort, alles, was sich nicht wehrte. Nie schlief ich hinter einer Tür, die nicht verriegelt war.
Eines Tages sah ich meinen Sohn in einem eleganten

Club Tennis spielen: in einem Pyjamaoberteil, in abgeschnittenen Jeans und mit an einem Bein heraushängenden Unterhosen. Ich war außer mir, daß er den Tennisplatz unter seinem wahren Namen bestellt hatte.

»Der schien immer herumzustehen, als hätte er eine Novocainspritze in die Lippe gekriegt«, sagte mein Mann.

»Hat er je mit dir gesprochen?«

»Doch, einmal, als ich Kuchen backte, ging mir ein Ei kaputt und glitschte an der Schüssel entlang, über die ganze Kommodenplatte und dann zu Boden, da sagte er: »Gut gemacht, Mom.«

»Und das war alles?«

»Nein, es gab eine kurze Zeit, als er zum ersten Mal von zu Hause fort und auf dem College war, weißt du noch, da hat er ungefähr alle fünfzehn Minuten angerufen.«

»Ja, ich erinnere mich. Damals kosteten die ersten drei Minuten 2 Dollar 40.«

»Worüber hat er eigentlich gesprochen?«

»Wir zahlten 3 Dollar 10 dafür, daß er sich erkundigte, ob er vom Preisausschreiben von Readers Digest Post hätte, 4 Dollar 70, weil er wissen wollte, ob es bei uns auch regnete ... 6 Dollar 34, um zu erfahren, ob der Hund ihn vermißte ... und 3 Dollar 4 Cents für seine Frage, wie oft man eine zwölf Stunden wirkende Erkältungstablette nehmen darf.«

»Ich hab's weiß Gott versucht«, sagte sein Vater. »Einmal hab ich ihn mit anderen zusammen von der Schule abgeholt, und als er aus dem Wagen stieg, fand ich auf den Rücksitzen ein mit Buntstift gemaltes Bildchen. Ich habe es rahmen lassen und in meinem Büro aufgehängt. Zwischen den Ehrenurkunden und Vereinsplaketten hing dann dieses schlichte Bildchen, weißt du noch? Und ich fragte ihn: ›Wie findest du das?‹ Und er sagte: ›Nett, aber warum hängst du ein Bild meines besten Freundes in dein Büro?‹«

Es gab keinen Zweifel, dieses Kind, das nun losraste, um die Maschine noch zu erreichen, die sich, als er von daheim aufbrach, schon am Ende der Landebahn befand, sprach allen Büchern über Kindererziehung Hohn, allen Fahrplänen der Entwicklung, allen Klischees, an die Mütter seit Anbeginn aller Zeiten glauben.
Ich weiß noch, als er eines Abends zu spät zum Essen kam und ich fragte: »Was ist denn? Bist du unter den Lastwagen gekommen?« Und tatsächlich hatte ein Lastwagen das Rotlicht überfahren und ihn am Hinterrad erwischt, und er war gestürzt und hatte sich ein paar blaue Flecken geholt.
Und dann meine Rede am Muttertag 1978. Es war eine der ausdrucksstärksten Reden über Aufopferung und Pflichterfüllung, die je einer Gruppe von undankbaren Kindern gehalten wurde. (Sie waren ohne Geschenke erschienen.) Als ich gerade zum besten Teil kam und berichtete, wie der Arzt mir immer gesagt hätte, ich sei zu klein für Schwangerschaften und könne nie wieder Faltenröcke tragen und daß sie alle nie an etwas anderes dächten als an sich selbst, ging die Türklingel, und ein Riesenstrauß Blumen mit Muttertagswünschen von allen dreien wurde abgegeben.
Man sollte meinen, ich hätte meine Lektion gelernt, aber irgendwann hatte er einen Job in einem anderen Land, und ich schrieb ihm einen bissigen Brief mit dem Schlußsatz: »Und warum hast du nicht geschrieben? Hast du dir den Arm gebrochen?«
Da schrieb er zurück, es sei nur das Handgelenk.
Ich hätte es besser wissen sollen.

Endlich allein

Sonntag, 9 Uhr 35
»Nimm mal die Füße hoch«, sagte ich zu meinem Mann und schob einen Besen darunter.
Er setzte die Kaffeetasse ab und las weiter die Zeitung am Frühstückstisch. »Du meine Güte«, sagte er, »erinnerst du dich an das Restaurant, in das wir mit Dick und Bernice gegangen sind? Du weißt doch, das mit den vielen Angestellten, Brick, Wendy, Stud und Frank?«
Ich nickte.
»Die sind nämlich angezeigt worden wegen Verstoßes gegen die Gesundheitsvorschriften. Hör dir das an: ›Nicht abgedeckte, im Kühlschrank stehende Nahrungsmittel, unsaubere Geschirrspülpraktiken, Kohleablagerungen auf Pfannen, verrosteter Ventilator, Abfall in offenen Abfallbehältern in der Küche, weder Seife noch Handtücher am Spültisch, und Spuren von Nagetieren in den Lokalitäten‹.«
Ich sah ihn müde an. »Wenn du noch einen Teller ranziger Butter neben dem Telefon und einen Haartrockner auf dem Buffet dazutust, hast du genau diesen Frühstücksraum beschrieben.«
»So schlimm ist es nun auch wieder nicht«, sagte er.
»Dieses Haus ist eine Schutthalde! Du kannst es mir glauben, der Sperrmüll fängt an, die Hochwassermarke zu erreichen. Es muß was geschehen.«
»Sag nur noch, daß du wieder mal Möbelchen-wechsel-Dich spielen willst.«
»Nein, ich spiele nicht Möbelchen-wechsel-Dich. Ich habe nur ein paar neue Kissen gekauft, um ein bißchen Pfiff in diese Zimmer zu bringen.«
»Na, Gott sei Dank.«
»Ich möchte nur gern die Couch vom Speicher runterholen, weil sie zu den Kissen paßt, und das Sofa aus dem

Wohnzimmer muß wieder ins Fernsehzimmer und die beiden Sessel ins Schlafzimmer. Die Bildergruppe über dem Sofa kommt in die Diele, deshalb müssen die Bücherregale an die gegenüberliegende Wand und dazu wird der Fernseher und die Antennen weggerückt werden müssen. Auch im Trimmraum möchte ich einiges verändern.«
»Warum erklären wir den nicht für unbewohnbar und vernageln ihn mit Brettern?«
»Die Geräte kommen da drin nicht richtig zur Geltung.«
»Du meinst die Personenwaage und das Trimmrad. Wohin willst du das denn jetzt stellen?«
Ich wußte es, ehrlich gestanden, nicht. Das Trimmrad, das einmal so eine gute Idee gewesen war, hatte bereits überall gestanden, vom Fernsehzimmer, wo ich Linda Evans auf dem Bildschirm entgegenradeln konnte, bis zum Frühstückszimmer, wo es nicht zum Geschirr paßte. Eine Weile hatte ich es im Wandschrank in unserem Schlafzimmer gehabt, aber es war eine solche Wirtschaft, es hinter den Skiern und dem Kartentisch vorzuzerren, daß ich es dann ins Bad stellte.
»Wir könnten es auf die Sonnenveranda stellen«, schlug ich hoffnungsvoll vor.
»Die Sonnenveranda ist nur dann eine Sonnenveranda, wenn die Sonne scheint. Eben jetzt ist sie nur eine Veranda und hat keine Heizung. Du könntest also das Trimmrad in den Wintermonaten nicht benutzen.«
»Ich könnte heulen«, sagte ich und hielt seinem Blick stand. »Also, wo möchtest du deinen Sessel hinhaben?«
»Genau da, wo er ist.«
»Da kann er nicht bleiben. Er paßt weder zur Couch noch zu den neuen Kissen.«
Ich wußte, ich befand mich auf dünnem Eis. Dieser Sessel war Regierungssitz. Von hier ergingen alle Edikte. »Halt die Kinder ruhig!« »Hol mir einen kalten Drink, wenn du

schon stehst!« »Hast du auch die Türen verriegelt?« »Sag denen, ich rufe zurück.«
Schon früh im Leben lernte ich, wie wichtig sein Sessel für einen Mann ist. Ich lernte, daß er mehrere Frauen lieben, mehrere Wagen fahren, mehr als einem politischen Prinzip huldigen, mehrere Berufe gleich gut ausüben, aber nur einen bequemen Sessel im Leben haben kann.
Ich lernte, daß es meist ein häßlicher Sessel ist.
Er paßt zu nichts im ganzen Haus.
Er nutzt sich niemals ab.
Ich habe es mit allen Typen von Sesseln versucht. Dem leinenbezogenen Ohrensessel in Neon Pink, in den er immer sank und stöhnte: »Ich möchte jetzt wieder aufstehen, kann mich bitte jemand herausziehen?« Dem antiken Sessel, den Großmama mir vererbt hat, auf dem kein Platz war, um sein Angelzeug und seine Fliegen zu sortieren. Dem hölzernen Schaukelstuhl, dem Beutelsessel, dem Konturensessel, den Ottomanen, denen mit Kopfstützen, mit losen Kissen, solchen aus Plastik, mit Kübelsitz, mit gepolsterten Seitenlehnen, Queen Anne, frühe Speichermode, viktorianisch ... alle gingen in die Geschichte ein.
Sein derzeitiger Sessel war ein gallegelber Liegesitz, bei dem man die Füße hoch und die Schultern flach legen konnte. Hätte er über eine Munddusche verfügt, er hätte genau wie ein Zahnarztstuhl ausgesehen.
Von September bis Januar, buchstäblich die ganze Football-Saison lebte er darin. Manchmal machte ich mir schon Sorgen seinetwegen. Es konnte doch nicht gut für ihn sein, tagaus tagein in einem halben Dämmerzustand dazusitzen und Spielen zuzuschauen, Liveübertragungen, Rückspiele, Stop-Actions, Interviews vor und nach den Spielen und Zusammenfassungen.
Später las ich von einem Barmixer, der sich am Neujahrs-

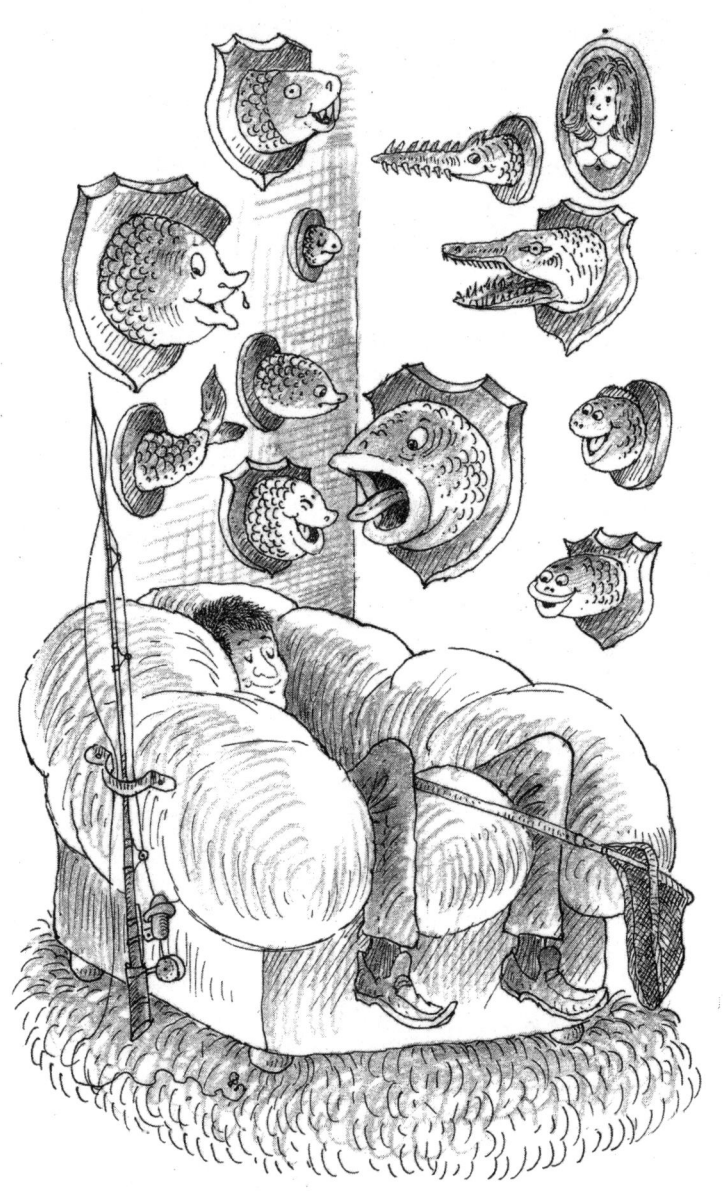

tag hintereinander drei Spiele angesehen hatte und anschließend stechende Schmerzen im Oberkörper und Kurzatmigkeit entwickelte. Man stellte die Diagnose: übertriebene Untätigkeit.

Wenn man es sich recht überlegt, klang das sehr einleuchtend. Die meisten Männer sind nicht genügend in Form, um sich so stark zu entspannen, besonders nachdem sie einen Sommer lang bei ein paar Tennisspielen und einem gelegentlichen Golf zugeschaut haben. Ich habe immer gefunden, es sollte für die Zuschauer bei Fußballübertragungen ein paar Fitneß-Übungen geben.

Als Aufwärmer:
Stellen Sie sich in die Mitte des Zimmers, drehen Sie sich nach rechts, bis ganz dorthin, wo die Fliegengitter noch vor Oktober durch Winterfenster ersetzt werden müssen. Jetzt ganze Drehung nach links bis dorthin, wo man die ausgebrannte Verandabirne sieht und die Bäume, die gedüngt gehören.

Als nächstes:
Versuchen Sie mit den Fingerspitzen den Boden zu berühren, der abgeschliffen werden muß. Schließlich strecken Sie sich ganz lang, und beugen Sie sich vornüber bis zu dem Rohr, das unter dem Ausguß leckt.

Nun zu den Armen:
Ergreifen Sie den Stoß Zeitungen von der obersten Stufe der Kellertreppe, und balancieren Sie ihn in kleinen kreisenden Bewegungen mit den Armen über dem Kopf, während Sie ihn zur Garage tragen. Es darf ruhig ein bißchen ziehen. Wenn Sie dann schon in der Garage sind, arbeiten Sie Ihre Schultermuskulatur gut durch, indem Sie einige der Dämmplatten auf den Speicher tragen, die dort seit drei Jahren herumstehen.

Sind Sie jetzt bereit für Schnelleres? Fangen Sie ganz langsam an, laufen Sie auf der Stelle, dann am Badezimmer vorbei, das gestrichen werden muß, und durch die

Haustür, wo die Klingel nicht mehr geht. Nach acht Minuten sollte Ihr Pulsschlag genügend beschleunigt sein.
Zur Abkühlung setzen Sie sich mit gestreckten Beinen auf den Boden, und beugen Sie sich über ein Knie. Sie müßten nun in Augenhöhe mit Ihrer Frau sein, die dabei ist, die Scheuerleisten zu streichen. Als nächstes legen Sie sich auf den Rücken und spannen jeden Muskel Ihres Körpers einzeln an: Gesäß, Becken, Arme, Beine. Dann wieder entspannen! Machen Sie Ihren Geist vollkommen frei davon, daß der Hund hinausverlangt, das Telefon klingelt und der Backofenwecker abgelaufen ist.
»Meinen Sessel wirst du mir nicht entreißen«, sagte er eindringlich.
»Gut, aber dann muß er ins Gästezimmer. Und du mußt etwas Beigefarbenes anziehen.«
»Warum tobst du heute herum wie eine Irre?«, fragte er.
»Es ist Sonntag, also setz dich hin und genieße den Frieden, so lange du ihn haben kannst.«

Er begriff nicht, worum es ging.
In den letzten drei Tagen war ich meiner Vergangenheit begegnet, meinem Leben, bevor die Termine, die Reisen, die Karriere begann. Bevor ich eine ausgefüllte Frau der achtziger Jahre wurde, bevor mein Wert nach der Höhe meines Bankkredits und nach einer goldenen Scheckkarte bemessen wurde.
Die Uhr blinkte mir zu, es sei nun 12. In meinem früheren Leben hätte sie mir morgens die Normalzeit angezeigt, und ich hätte drei Kinder, die nach Sprühstärke und Vitaminen rochen, samt Pausenbroten und Thermosflasche mit Suppe (die sie nicht einmal öffnen würden) zur Schule expediert.
Ich hätte mir selbst fest versprochen, bis 10 Uhr zu stricken und mich dann bestimmt ganz anzuziehen und das

Haus so in Schwung zu bringen, daß es den primitivsten Anforderungen genügte. Danach hätte ich Flecken entfernt, Wasser zu Fertiggerichten gegeben, Toilettenschüsseln gescheuert, Briefe geschrieben, Küchenschaben umgebracht, Schuhe poliert, Ohren saubergemacht, Bäume gepflanzt, Planschbecken geflickt und Ballons aufgeblasen.
Ich hätte Einkäufe geschleppt, das Wäschekarussell weitergedreht, Ehrenamtliches erledigt, das Haus geschmückt, Grundnahrungsmittel gehortet, beraten, ermahnt, Streit geschlichtet, Entscheidungen getroffen und – zugehört. Zugehört hätte ich oft. Ich hätte meine Mutter ›nur mal auf ein Schwätzchen‹ angerufen, mich bei meiner besten Freundin erkundigt, ob auch ihr Körper aus dem Leim geraten sei, hätte Nachbarn besucht und mich über die Müllabfuhr beklagt. Später hätte ich Hähnchen gebraten, Biscuits gebacken und etwas Kalorienreiches zum Abendessen gekocht.
Wenn ich die Kinder zwischen saubere Laken bettete, genoß ich dankbar einen Tag, an dem die Schule nicht angerufen hatte und wir keinen Arzt hatten holen müssen.
Ich konnte es kaum erwarten, den täglichen Kleinkram, wie ich ihn nannte, hinter mir zu lassen. Ich wollte irgendwohin, wo man ernstgenommen wurde, wo Menschen einem zuhörten, wenn man etwas zu sagen hatte. Die Mutterrolle hatte das nicht gebracht, und doch ... wäre es nicht eine Ironie des Schicksals, wenn ich gerade auf meinem Sektor das Wichtigste hervorgebracht hätte, was man heutzutage anbauen konnte? Eine Familie? Einen Stamm von Kindern, entstanden aus zwei Menschen, aufgezogen mit Liebe, bewässert mit Tränen, die man nach achtzehn, zwanzig Jahren als wertvolle Wesen ernten konnte, mit denen der ganze Prozeß von neuem begann. Nichts anderes würde je die gleiche Bedeutung

haben. Man sollte meinen, das hätte mir jemand sagen können!

Ich sah meinen Mann an, wie er seine Zeitung las und dabei vergaß, daß sich unsere Vergangenheit, unsere Gegenwart und Zukunft in erschreckendem Tempo von uns entfernten. Die Kinder waren der Sinn unseres Lebens gewesen, und jetzt waren sie fort. Ich durfte nicht erwarten, daß er das so stark empfand wie ich. Väter sind eben anders als Mütter.

»Hör mal«, sagte ich, »bleib ruhig sitzen und lies deine Zeitung, und ich geh raus und rück im Gästezimmer ein paar Möbel. Ich ruf dich dann, wenn ich soweit bin für den Sessel.«

Mein Gott, ist das still.
Sie glaubt wohl, das Syndrom »leeres Nest« sei der Frau vorbehalten, der gelangweilten, neurotischen, deprimierten Frau, die durch gestärkte Spitzenstores lugt, einen Teller frisch gebackene Plätzchen in der Hand, und begierig darauf wartet, daß ihr Sohn die Wäsche schickt.
Nie sieht sie einen Vater, der schuldbeladen ist und voller Reue, weil er immer »zu tun hatte« und wenn die Kinder endlich mal heimkamen, über den blöden Wagen schimpfte.
Ich hab mir gesagt, diesmal wird es anders, Gott hat mir noch eine zweite Chance gegeben. Ich werde für sie da sein. Aber wie hätte ich das können? Sie hatten ja eine Zeiteinteilung wie die Hamster. Wenn ich schlief, waren sie wach. Wenn sie wach waren, hingen sie am Telefon. Ich habe dreißig Minuten lang durch eine geschlossene Tür mit einem Sohn gesprochen, um einmal zu hören, was er vom Leben hält. Er hat nur durch die Tür gebrüllt: »Bin sehr dafür.«
Ich beneide die neuen Väter der achtziger Jahre. Sie dürfen weinen, schwitzen und versagen. Ich nicht. Mich

*hatte man erzogen, eine Garage voller Werkzeug zu haben, das ich haßte, über Benzinverbrauch zu sprechen und die Bürde zu tragen, der einzige Verdiener der Familie zu sein. Ich war der Buh-Mann, ich war derjenige, auf den sie abends warteten und der ihnen beim Heimkommen verpassen würde, was sie verdienten. Für etwas, was sie angestellt hatten und was ich nicht einmal gesehen hatte.
Ich würde gern glauben, daß ich, wenn mein Sohn heimkommt, der Vater sein kann, der ich gewesen wäre, wenn ich nicht hätte zur Arbeit fahren müssen, um den Laden zusammenzuhalten. Aber wem mache ich damit etwas vor?
Er wird nun schon groß genug sein, um Post zu bekommen, aber noch zu unreif, um sie in den Papierkorb zu werfen, wenn er sie nicht will. Er wird schon groß genug sein, um die Milch auf dem obersten Fach des Kühlschranks zu erreichen, aber noch zu klein, um sie wieder zurückzustellen.
Das Kind in ihm wird essen und dann von Tisch aufstehen und weggehen. Der Erwachsene in ihm wird um drei Uhr früh heimkommen. Das Kind in ihm wird nasse Handtücher aufs Bett werfen. Der Erwachsene wird behaupten, nach Kalifornien fliegen zu müssen, »um den Kadaver mal bißchen zu bräunen«.
Kein Wunder, daß wir an unseren Rollen irre werden. Wenn Erwachsene ihnen die Socken waschen, ihre Sachen chemisch reinigen lassen, ihnen Haarwaschmittel und Geld leihen, meinen sie, dadurch gewisse Rechte erworben zu haben. Zum Beispiel das Recht, den Kindern vorzuschreiben, wie sie leben sollen, welche Freunde sie sich aussuchen, wie sie sich anziehen und welchen Wagentyp sie kaufen sollen.
Regeln! Regeln wird man einführen müssen. Und wieder werde ich in die Rolle des Konservativen gedrängt, des*

Pfennigfuchsers, des faden Kerls, der keine Amüsement kennt, auch wenn es ihm garantiert wird.
Du meine Güte! Wohin will die Frau nun wieder mit meinem Sessel? Können Sie mir sagen, wie sie es fertigbringt, einen Sessel auf dem Kopf zu balancieren, der dreimal soviel wiegt wie sie, aber nicht mal die eigene Wagentür aufkriegt?

Der Traum

Sonntag, 22 Uhr 30
Ich sank in die Sofakissen des Wohnzimmers, in dem nie jemand saß.
Ein Teil meines Kindheitstraumes hatte sich hier abgespielt, zwischen den Büchern, die zwar abgestaubt, aber nie gelesen wurden, den Teppichen, die man absaugte, aber nie betrat, den Blumensträußen, die nie starben, aber auch nie lebten, den Vorhängen, die zugezogen waren, ohne jemandem Zurückgezogenheit zu sichern.
Komisch, Wohnzimmer schienen sich kaum zu verändern.
Aus einem solchen Raum entfloh meine Mutter und versteckte sich hinter einem Vorhang, der das Wohnzimmer vom Eßzimmer trennte, um dem Gerichtsvollzieher zu entgehen. Wenn ich die Haustür öffnete, sagte ich ihm, meine Mutter sei nicht da, er schaute mir über die Schulter, musterte den Vorhang von oben bis unten und meinte: »Wenn Ihre Mutter das nächste Mal weggeht, sagen Sie ihr, sie soll ihre Füße mitnehmen.«
In einem solchen Raum war mein Vater aufgebahrt worden, ehe man ihn beerdigte. Viele Leute kamen, um Abschied zu nehmen. Auch ein entfernter Vetter kam an diesem Tag ins Haus, um seine sterblichen Überreste zu sehen, trat leicht verwirrt zu meiner Mutter und fragte: »Welcher ist es denn?« Mutter rang nach Fassung und

sagte trocken: »Der, der liegt.« Unerschrocken erwiderte mein Vetter dritten Grades: »Ich hab ihn nicht gekannt und kenne auch dich nur flüchtig, aber schließlich und endlich sind wir doch verwandt.«

Das Gegenstück zu diesem Traum hatte eben bei uns das Wochenende verbracht, war zurückgekehrt aus einer eigenen Welt, und jeder hatte seinen Platz wieder eingenommen innerhalb der ehrfurchtgebietendsten, zartesten und zugleich am wenigsten zerstörbaren Gefühlgemeinschaft, die man unter einem Dach versammeln kann – der Familie.

Seit Jahren versuchen die Anthropologen herauszufinden, was denn so zwingend ist an den Genen und Blutstropfen, die eine Familie in lebenslanger Bindung zusammenhält.

Die Großmutter, die sonst mit der Wahrheit umgeht wie mit Kaugummi und sie in nie dagewesener Weise verformt ... die aber trotzdem das Neugeborene anschaut und schnaubt: »Ulkiges Dingelchen, aber das verwächst sich vielleicht.«

Die verwitwete Tante, die zum Bruder ihres Gatten sagt: »Er hat dich sehr gern gehabt und immer gewünscht, daß du mal sein Angelzeug kriegst. Kurz vor seinem Tode sagte er noch: Sorge dafür, daß Ben es bekommt, er ist der einzige, der es zu schätzen weiß. Für dich ist mein Endpreis 300 Dollar.«

Das Kind, bei dessen Geburt man sechzehn Stunden lang die Wehen hatte, ehe es sich entschloß, in die Welt zu treten, das nun einem Luftikus, den es zwei Wochen kennt, einen Kaschmirpullover für 100 Dollar kauft und seiner eigenen Mutter am Muttertag einen Bratenwender schenkt.

Was also ist das für eine Kraft, die sie immer wieder zur Familie zurückzieht? Ist es, daß sie sich geliebt wissen, auch wenn sie ihre Angehörigen kritisieren, ignorieren

oder vernachlässigen? Daß sie willkommen sind, auch wenn sie nichts von sich selbst einbringen? Daß ihnen verziehen wird auch dann, wenn sie rücksichtslos waren oder gelogen und betrogen haben? Oder weil ihr Platz in der Familie noch immer der gleiche ist, und kein anderer ein Recht darauf hat?
Ich saß da und versuchte mir auszumalen, welche Art von Buch meine Familie im Jahre 2038 schreiben würde. Würden sie sich einer Mutter erinnern, die mit den Zähnen Knoten aus Schuhbändern löste, auf die der Hund den ganzen Tag gepinkelt hatte? Oder daran, wie sie sich einmal wie eine Irre aufgeführt hatte, weil sie ein Loch in eine für die Party bestimmte Götterspeise gegessen hatten?
Würden sie sich an Eltern erinnern, die lachten, Fehler machten, Sex genossen und nicht einmal die Fragen wußten, geschweige denn die Antworten? Oder würden sie an zwei steife, humorlose Leutchen denken, die ihr Leben lang eisern zu allem nein sagten, den Küchenboden bohnerten, den Rasen düngten und sie drängten, sich die Haare schneiden zu lassen, sich einen Job zu suchen und nicht mit vollem Mund zu sprechen?
Würden die Söhne es ihrem Vater nachtun, der die Schlüssel des ganzen Hauses in einem Werkzeugkasten aufbewahrte und an jeden ein Schildchen gehängt hatte? Würde die Tochter zu Schweinekoteletts immer Apfelmus servieren, als sei das ein von der Mutter übernommenes Gesetz?
Aufzucht von Nachkommen ist nichts, was ich mir zugute halte, aber ich frage mich doch, ob ich mich noch einmal um diesen Job bewerben würde.
Es war viel Arbeit. Und viel lästiger Kleinkram auch. Und langwierig. Großer Gott, war das ein langwieriger Job. Und doch, wenn ich so zurückblicke, ganz gleich, was ich sonst im Leben fertiggebracht habe, wie viele

selbstgeschriebene Bücher im Regal stehen, wie viele weise Worte von mir ans Almobrett geheftet sind – aus meiner Mutterrolle habe ich einiges herausgeholt. Drei Jahrzehnte war ich der Matriarch meiner Familie, der sie zusammenhielt, der darauf wartete, daß die Spätentwickler die Übrigen einholten, erwachsen wurden oder sich wieder vertrugen, habe Frieden gestiftet, Leim in zwischenmenschliche Beziehungen geschmiert, ein paar herbe Ausdrücke niedergebügelt und täglich einen Trank der Liebe und Treue verteilt, der etwas größerem galt, als wir alle miteinander darstellten.
Mein Mann fand mich im Wohnzimmer und fragte: »Wieso sitzt du hier allein im Dunkeln?«
»Ich denke nach – über das vergangene Wochenende.«
»Es sind gute Kinder«, sagte er aufmunternd und setzte sich neben mich. Ich legte den Kopf auf seine Schulter. Leise fuhr er fort: »Die Schlange ist weg. Sie ist aus der Waschküche entwischt.«
Ich rührte mich nicht. Dann flüsterte ich ohne jede Emotion: »Wir werden dieses Haus verkaufen, und diese verrückten, undankbaren Gören werden uns nie wiedersehen.«
Dann zog ich die Knie unters Kinn und nahm eine embryonale Stellung ein. In dieser Position wollte ich bleiben, bis die Schlange gefunden war, ganz egal, wie lange das dauerte.
Warum nur stellte hier einer andauernd die Geduld, die Treue, die Liebe des anderen auf die Probe? War es denkbar, daß sich eben darauf das Überdauern einer Familie gründete?
Allmählich wurde es kalt im Zimmer. Ein Wagen fuhr vorbei, und seine Scheinwerfer erleuchteten den Raum, der dann wieder in die Finsternis zurückfiel. Ich dachte wieder an die Kinder und hoffte aus Herzensgrund, daß sie eines Tages, gleich mir, von einer eigenen Familie

träumen würden und von einem Wohnzimmer, in dem nie jemand saß.
War es der Wunsch nach Befriedigung? Nach Unsterblichkeit? Waren es Rachegelüste?
Was meinen Sie?